本书是安徽省教育厅质量工程教学研究项目,接受视角下"四史"教育融入思政课的教学研究(项目编号:2024axzz039)的研究成果

本书获淮北师范大学学术著作出版基金资助

本书是淮北师范大学横向课题"以党建助力科技公司提升新质生产力的路径研究"的研究成果(登记号:2024340603000172)

本书是淮北师范大学校级课题"接受视角下'四史'教育融入思政课的教学研究"的研究成果

"四史"教育
融入高中思想政治课的路径研究

於谋芝 著

上海三联书店

前　言

2021年4月16日教育部办公厅发布《教育部办公厅关于在思政课中加强以党史教育为重点的"四史"教育的通知》，要求在思想政治课中加强"四史"教育，引导青少年听党话、跟党走。将"四史"教育融入高中思想政治课，有助于高中生自觉接受和深刻认同"四史"教育，落实学科核心素养，让立德树人、铸魂育人教育落在实处。本文主要采用了文献研究法、比较分析法、理论联系实际方法、系统分析法、实证研究法、访谈法等方法，在已有理论成果的基础上，结合调查结果，围绕"四史"教育融入高中思想政治课的具体策略展开。

本文的内容主要分为四章：第一章，从历史层面来界定"四史"教育、"四史"教育融入、高中思想政治课的概念，分析"四史"教育融入高中思想政治课的现实要求；第二章，从理论层面来分析"四史"教育的融入依据和两者之间的内在联系，说明"四史"教育融入高中思想政治课的可行性；第三章，从现实层面通过对"四史"教育融入高中思想政治课的现状进行调查，经过实证分析从融入的保障机制、融入的氛围、教师的教学能力和学生的学习能力等方面进行总结，指出问题的成因在于学校和管理部门对于"四史"教育的重视程度有所欠缺、教师对"四史"教育资源的利用不够充分、学生利用"四史"教育资源开展学习的主动性明显不足;第四章,从理论层面分析了将"四史"教育融入高中思想政治课的目标和原则,分别从学生层面和教师层面来研究融入的教育目标,在这个目标下,融入过程中必须遵循的思想性原则、适切性原则、正面教育原则和真实性原则等教学原则;第五章,从实践层面分析了"四史"教育融入高中思想政治课的路径,归纳了融入过程中可以使用的理论教育法、艺术感染法、激励教育法和实践教育法、成果展示法等教学方法,从实践层面给出了融入的具体对策,包括提供良好的制度保障、营造良好的教学环境、培养优秀的师资队伍、增强学生自主学习的能力、优化课程设计等。以《伟大的改革开放》《中国特色社会主义进入新时代》《方向决定道路,道路决定命运》和《实现中华民族伟大复兴中国梦》为例,具体分析了融入过程,阐述了融入路径。

目　录

绪　论

一、研究缘起及意义

（一）研究缘起

2019 年,中共中央办公厅、国务院办公厅印发《关于深化新时代学校思想政治理论课改革创新的若干意见》,要求深入了解和研究中国特色社会主义在坚持和发展过程中所形成的重大理论及实践问题,从多方面来提供思想政治课的课程资源,多角度的学术支持思想政治理论课的思想性、理论性。[①] 2020 年 9 月 22 日,习近平总书记在教育文化卫生体育领域专家代表座谈会上强调,要加强党史、新中国史、改革开放史、社会主义发展史教育(以下简称"四史"教育),加强爱国主义、集体主义、社会主义教育,引导人们坚定道路自信、理论自信、制度自信、文化自信,形成思想共识,达到凝心聚力的现

---

① 中共中央办公厅　国务院办公厅印发《关于深化新时代学校思想政治理论课改革创新的若干意见》[EB/OL]. http://www.gov.cn/zhengce/2019-08/14/content_5421252.htm. 2019-08-14.

实作用。①2020 年 10 月 29 日,《中共中央关于制定国民经济和社会发展第十四个五年规划和二〇三五年远景目标的建议》中强调,为了提高社会文明程度,提高国家文化软实力,要加强党史、新中国史、改革开放史、社会主义发展史教育,让理想信念教育趋于常态化和制度化。②2021 年 4 月 16 日,《教育部办公厅关于在思政课中加强以党史教育为重点的"四史"教育的通知》指出,在青少年中积极推动以党史为重点的"四史"宣传教育,贴近青少年的需求,引导他们听党话、跟党走。③学史明理,学史增信,知史爱国,知史明志。这表明,加强以党史教育为重点的"四史"教育,才能更好地坚持以习近平新时代中国特色社会主义思想为指导,全面落实立德树人根本任务,教育引导学生弄清楚当今中国所处的历史方位和自己所担负的历史责任;才能让学生深刻理解只有中国共产党才能救中国,只有中国共产党才能发展中国,只有走中国特色社会主义道路才能实现国家繁荣富强、人民生活幸福,从而引领学生积极投身于中华民族伟大复兴的现代化进程。

　　教育部制定的《普通高中思想政治课程标准(2017 年

---

　　① 习近平.在教育文化卫生体育领域专家代表座谈会上的讲话[EB/OL]. http://www.gov.cn/xinwen/2020-09/22/content_5546157.htm. 2020-09-22.
　　② 中共中央关于制定国民经济和社会发展第十四个五年规划和二〇三五年远景目标的建议[EB/OL]. http://www.gov.cn/zhengce/2020-11/03/content_5556991.htm. 2020-11-03.
　　③ 教育部.教育部办公厅关于在思政课中加强以党史教育为重点的"四史"教育的通知[EB/OL]. http://www.moe.gov.cn/srcsite/A13/moe_772/202105/t20210511_530840.html. 2021-04-20.

版)》,明确了高中思想政治课程根本任务是立德树人,必须培养学生的思想政治学科核心素养——政治认同、科学精神、法治意识和公共参与,在课程中有机地融入坚持和发展中国特色社会主义,培育和践行社会主义核心价值观的基本内容。①坚持和发展中国特色社会主义是关系党的事业兴衰成败第一位的问题,是国家前途、民族命运、人民幸福的根本主题。建党百年的历史证明,我们党紧紧依靠人民,把马克思主义基本原理同中国具体实际相结合,同中华优秀传统文化相结合,独立自主走自己的路,开创和发展了中国特色社会主义,从而迎来了实现中华民族伟大复兴的光明前景。由此,对"四史"教育更好地融入高中思想政治课教学路径展开研究设计,有助于高中生自觉接受和深刻认同"四史",培养高中生的历史眼光、辩证眼光和国际眼光,拓宽高中思想政治课的深度与厚度,让立德树人、铸魂育人教育落在实处。

(二) 研究意义

习近平总书记说:"学习党史、国史,是坚持和发展中国特色社会主义、把党和国家各项事业继续推向前进的必修课。这门功课不仅必修,而且必须修好。"②在高中阶段,"四史"教

---

①　中华人民共和国教育部制定.普通高中思想政治课程标准 2017 年版[M].北京:人民教育出版社,2018;2—3.

②　教育部.习近平总书记关于"四史"学习教育的重要论述[EB/OL].http://www.moe.gov.cn/jyb_xwfb/moe_2082/2021/2021_zl37/sishixuexi/202105/t20210511_530832.html. 2021-05-11.

育如何更好地融入思想政治课,关键在于路径设计。在尊重高中阶段思想政治课的教材体系、课程大纲、教学大纲、课堂安排的有机联系和内在规律的基础上,坚持一般和个别、特殊和普遍、过去现在和未来的有机统一,揭示"四史"之间的有机联系,总结出具有普遍意义和推广意义的"四史"教育融入高中思想政治课的现实发展路径。

积极探索"四史"教育融入高中思想政治课程的路径,有助于揭示"四史"教育一体推进的科学性、合理性、可行性,揭示"四史"教育有效融入高中思想政治课程的历史逻辑、理论逻辑、现实逻辑和实践逻辑。本研究坚持史论结合、论从史出的科学方法,以马克思主义特别是习近平新时代中国特色社会主义思想为指导,通过回顾人类社会和社会主义社会的发展进程,阐释共产党执政规律、社会主义建设规律和人类社会发展规律的有机统一,揭示"四史"教育融入思想政治课程的历史必然性和现实合理性,得出只有中国共产党才能救中国,只有中国特色社会主义才能发展中国,只有坚持和发展中国特色社会主义才能实现中华民族伟大复兴的"四史"教育的规律。

对"四史"教育融入高中思想政治课的路径展开研究,能够系统地增强广大师生对伟大的祖国、中华民族优秀的文化、中国共产党以及中国特色社会主义道路的情感认同,自觉地从历史与现实、理论与实践、国际与国内相统一出发,坚定中国特色社会主义道路自信、理论自信、制度自信、文化自信。

本研究围绕思想政治理论课是立德树人的主渠道,梳理"四史"教育融入高中生思想政治课的现实路径,遵循明理—增信—崇德—力行的发展过程,加强高中生对马克思主义、共产主义的信仰、对中国特色社会主义的信念、对中华民族伟大复兴的信心,坚定高中生的理想信念,以昂扬姿态为全面建设社会主义现代化国家努力奋斗。

由于高考指挥棒的作用,高中思想政治课的教学一定程度上忽视了对高中阶段学生政治认同、思想认同、情感认同的夯实,学习思想政治课成了死记硬背各种知识点,却忽视知识点背后的原因和结果。因此,通过对高中思想政治课进行的整体性、科学性、系统性研究,清晰梳理"四史"教育融入高中思想政治课的现实路径,引领学生明晰每个知识点背后的故事和每个故事背后的大道理,把握课程主体内容的历史源流和历史逻辑,在加深对课程知识的理解中强化学生对"四史"的自觉认同。

二、国内外研究现状

(一) 国内研究现状

通过对文献的梳理,发现直接研究"四史"教育融入高中思想政治课的成果比较少,但是研究"四史"教育、高中思想政治课融入问题的文献不少,在这些研究成果的基础上同样有借鉴意义。下面将从以下三个方面来进行梳理和评述。

1. 关于"四史"教育的相关研究

"四史"教育在国内虽然是比较新的研究方向,但是专家学者投入了巨大的研究热情,在近两年来发表的相关期刊文章比较多。由于时间关系,硕博士论文暂时还没有涉及这方面内容。截至 2021 年 6 月 13 日,在知网上以"四史"为篇名来搜索文献,发表时间集中在 2020 年和 2021 年的有 190 余篇。其中,期刊来源为核心期刊和中文社会科学引文索引的一共 44 篇,占比 23%。这就为笔者的研究提供了较为丰富的文献参考。梳理已有文献,主要研究成果如下:

(1) 加强"四史"教育的意义

学者从各个维度来说明"四史"教育学习的必要性和重要性。有学者就从历史、现实、未来三个维度来说明加强"四史"教育学习的意义,认为"四史"教育是事关从根本上提高我国文化软实力的关键学习。[①]学者韩飞认为学习"四史",是筑牢党员思想根基的重要举措。[②]王海军认为"四史"教育是党员干部的必修课,只有学好这门课,才能培养党员干部历史的眼光和比较的视野,才能更好地增强治国理政的能力。[③]季正聚

---

① 程美东,刘辰硕.从三个维度理解加强"四史"教育的重大意义[J].思想教育研究,2020(12):14—17.

② 韩飞.共产党员要学好"四史"这门必修课[J].人民论坛,2021(07):79—81.

③ 王海军.汲取经验智慧 践行初心使命 "四史"是党员干部理论学习的必修课[J].人民论坛,2021(01):100—102.

认为,只有学习"四史",才更能明白"中国共产党为什么行""中国共产党为什么能""中国特色社会主义为什么好""为什么中国要坚持改革开放",更加能坚定我们的初心,增强我们的信心。①陶雪松和忻平两位老师认为学习"四史"的重要性在于以史为鉴,对国家的历史方位能够科学把握,对错误思潮能够旗帜鲜明反对,对治国理政能力能够显著提高,对理想信念能够有效增强,增强服务现实的能力。②近些年,历史虚无主义这种有着巨大危害的反动社会思潮有所抬头。就此有学者强调,"四史"教育的学习能够让我们从理论、历史、实践的三重逻辑方面对历史虚无主义进行全面的反对和批判。③

吴梦伊、许晓玲两位学者认为,让大学生加强"四史"教育,以"四史"为有效载体,可以有利于传承中华优秀传统文化、坚定社会主义理想信念,还可以增强大学生民族复兴的使命担当,同时又有利于涵养大学生的家国情怀。④这既是新时代强党强国对大学生的要求,也是进一步培育和加强大学生家国情怀的重要举措。

刘凤彪认为"四史"教育的核心是塑造伟大的民族精神和

---

① 季正聚.在历史自觉和历史担当中砥砺前行——把学习"四史"作为必修课[J].中国党政干部论坛,2020(08):15—19.

② 陶雪松,忻平.深刻理解和认识"四史"学习教育的重要意义[J].上海党史与党建,2020(07):3—7+56.

③ 魏晓文,秦雪.历史虚无主义批判的三重逻辑——学习习近平关于"四史"的重要论述[J].思想教育研究,2020(09):25—30.

④ 吴梦伊,许晓玲."四史"教育融入大学生家国情怀培育探析[J].中学政治教学参考,2021(20):22—24.

时代精神,把"四史"教育作为中国特色社会主义先进文化进课堂、进头脑的重要载体,可以帮助青少年学生涵养人文精神、培养前行力量。[①]

还有不少学者认为在大中小学思想政治理论课一体化建设中加强"四史"教育具有全局性和战略性意义。如宋学勤和罗丁紫两位学者认为,在大中小学思想政治理论课一体化建设中,可以以"四史"教育为纵轴,深挖"四史"中鲜活的历史资源和理论逻辑资源,做好纵向统筹工作;以"四史"教育为横轴,发挥其联结纽带作用,做好横向整合工作。[②]

米亭学者则是把"四史"的学习作用跟国家治理联系起来,认为学"四史"有利于我们党找准历史定位,把握历史规律以提高执政能力,溯源初心使命以坚定"四个自信"。[③]在"四史"教育的学习中,能充分认识到中国共产党的领导是国家治理走正确方向的保证。因为要想保障人民在国家治理中的主体地位,必须坚持人民当家作主;要想实现国家治理体系和治理能力现代化的远景规划,必须坚持走中国道路,坚持和发展马克思主义国家学说,掌握马克思主义思想方法和工作方法;要想实现国家治理的逻辑科学性,必须把握科学社会主

---

① 刘凤彪."四史"教育的核心要义与价值旨归[J].中小学校长,2021(03):42—44+52.

② 宋学勤,罗丁紫.论"四史"教育融入大中小学思想政治理论课一体化建设[J].思想教育研究,2021(03):73—79.

③ 米亭."四史"学习教育作用于国家治理的价值意蕴、显著优势和实践要求[J].理论导刊,2021(04):113—120.

义基本原则,这些都需要坚持党的领导。

　　还有学者从世界观和方法论高度谈到了加强"四史"教育的重大意义。贯通学好党史、新中国史、改革开放史、社会主义发展史,能够以系统的历史认知增进对辩证唯物主义和历史唯物主义的真理性理解;能够以真实而强烈的历史记忆加深对无产阶级政党的感性体悟与理性认同;能够以开阔的历史思维看待一切风险和挑战,激昂奋进的斗争精神;能够以高度的历史自觉性主动去担责、作为,不断推进中国特色社会主义伟大事业走向新高潮;[①]能够加强对广大干部群众的思想上的引导和对理论上的辨析,以旗帜鲜明的态度反对历史虚无主义,更好地做到正本清源、固本培元。

　　(2)"四史"的内容和规律

　　专家学者们从不同的角度总结了"四史"的内容,归纳了"四史"中所蕴含的规律和所包含的精神。

　　姜迎春梳理了"四史"的内容,发现"四史"分别是从不同角度阐述了共产党的执政规律、社会主义的建设规律、人类社会发展规律。学习"四史"内容的时候,充分认识到这些规律,就能够理论联系实际,切实落实思想自觉和行动自觉。[②]

　　杨德山从精神力量和精神特质角度来梳理"四史"内容,认为其蕴含着五种精神特质:彻底的自我革命精神、独立自主的风

---

　　① 项久雨,欧丹.马克思主义视域下"四史"教育的价值逻辑与深刻意蕴[J].马克思主义理论学科研究,2021(04):107—115.

　　② 姜迎春.新时代要切实加强学习"四史"——科学把握"四史"显证的规律性[J].人民论坛,2021(07):70—72.

骨、严字当头的禀赋、与时俱进的风貌、人类解放的情怀。①

肖文燕、罗春喜两位学者认为从"四史"学习中要认识到：中国共产党的领导是贯穿"四史"的主导性实践逻辑；"四史"是四个自信形成的历史逻辑；"四史"蕴含着共产党执政规律、社会主义建设规律、人类社会发展规律。②冯俊则建议以习近平总书记关于"四史"的重要论述作为学习的理论指引，从而做好"四史"教育的学习、研究和宣传。③

（3）"四史"教育之间的联系和区别

"四史"教育的内容博大精深，之间既密切关联又各有侧重。陶文昭教授认为学习"四史"要统筹推进，突出各自特点，讲清楚"四史"之间的联系和区别。④"四史"是一个整体，它们之间接续传承、融会贯通。在学习"四史"的过程中，要注意这种联系和区别，要有所侧重，要结合每门历史的特点，讲清楚"中国共产党为什么能""马克思主义为什么行""中国特色社会主义为什么好"等重大问题。

王炳林和刘奎两位专家认为"四史"各有特点，学习每一部历史都有特殊意义，要抓住各自的重点内容来学；"四史"也有共性，可以从主流和本质、理论和历史、经验和教训等这些

---

① 杨德山."四史"蕴藏的五大精神特质[J].人民论坛,2020(30):94—97.

② 肖文燕,罗春喜.习近平关于"四史"学习重要论述的精神实质[J].江西财经大学学报,2020(06):11—19.

③ 冯俊.学习和研究"四史"的理论指引——深入学习习近平总书记关于"四史"的重要论述[J].红旗文稿,2021(03):4—9.

④ "四史"之间联系和区别是什么？[N].学习时报,2021-06-07(004).

方面作为学习的角度。①中国共产党的历史,也就是中国共产党自1921年成立以来的整个发展历程,主要内容可以总结为不懈奋斗史、理论创新史和自身建设史这三部分。通过学习党的历史,深刻理解中国共产党为什么"能"。新中国史说到底也就是中华民族求复兴的历史,要和中华民族五千年文明史、近代以来百年斗争史相联系起来学。在学习党史、新中国史的基础上,还要学习改革开放史,这样就能更加深刻理解"中国特色社会主义为什么好"。学习社会主义发展史,就是学习世界社会主义五百年曲折演进的历史过程,正确认识社会主义取代资本主义的曲折性、长期性和必然性。

(4)"四史"教育融入思想政治课的路径方法

这类文献主要是研究"四史"教育融入具体某一门高校思想政治理论课的路径。

任雪以新疆为例指出,从新时代高校应加强马克思主义唯物史观的指导与教育、坚定大学生理想信念、提升高校思想政治理论课教育的实效性这三个路径来推进"四史"教育融入工作,充分发挥思想政治理论课宣传、教育和引导主阵地的作用,旗帜鲜明地传播马克思主义,巩固马克思主义在新疆高校意识形态领域的指导地位。②

---

① 王炳林,刘奎.关于学习党史、新中国史、改革开放史、社会主义发展史的思考[J].思想理论教育导刊,2020(08):64—71.

② 任雪.新时代新疆高校加强大学生"四史"教育的路径探析[J].新疆社科论坛,2021(01):108—112.

邢亮从四个方面来实现"四史"教育融入思想政治理论课教学体系的实践路径:开设"四史"教育的选择性必修课程;发挥必修课程优势,开展"四史"教育;开展思想政治理论课教师培训,发挥教师在"四史"教育中的关键作用;开展思想政治理论课教学研究,以教学研究的高水平促进"四史"教育的高质量。①

孙艳美建议,应以历史认知、历史认同、历史思维和历史担当为着力点,秉承唯物主义历史观原则,坚持整体性原则、史论结合原则、理论联系实际原则和正面宣传为主原则,在《中国近现代史纲要》这门高校思想政治理论课程中加强"四史"教育的学习,更好地引导学生深入学习党的光荣历史,弘扬革命文化,传承红色基因,持续激发爱党爱国爱社会主义热情,进一步增强理想信念和强化使命担当。②

郑海涛就"四史"教育融入《思想道德修养与法律基础》课,谈到了融入的具体方法:结合课程内容,讲好四史中所蕴含的红色故事;利用课程的社会实践,把握"四史"的价值意蕴;运用网络手段,拓展"四史"教育的广度。③

以上研究成果在大的层面上提供了教学实践中融入"四

---

① 邢亮."四史"教育融入高校思政课教学体系探究[J].思想政治课研究,2021(03):92—101.

② 孙艳美."中国近现代史纲要"课加强"四史"教育探析[J].思想理论教育导刊,2020(09):101—105.

③ 郑海涛,王继才."四史"融入思想道德修养与法律基础课程教学研究[J].教育教学论坛,2020(46):79—80.

史"教育所坚持的基本观点和重要方法,有的方法和路径可以在高中思想政治理论课推而广之。

2. 关于高中思想政治课融入路径的相关研究

在中国知网的主页上以"融入"为主题搜索,继而在结果中以"高中思想政治课"为主题继续进行搜索,得到结果为学术期刊 24 篇,硕士学位论文为 114 篇,文献资源比较丰富。通过对文献的总体趋势分析,如图 1 所示,可以看出,研究成果的发表年度从 2007 年开始,前期文献较少,但从 2017年以后呈逐年上升趋势,研究成果增加较多,说明理论日趋成熟。

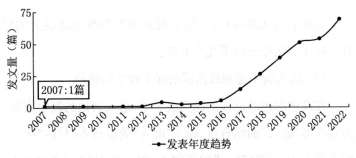

图1　文献发表年度总体趋势分析

对于文献主题进行分析,如图 2 所示,可以看出这些文献主要都集中于研究在高中思想政治课中融入"社会主义核心价值观""文化融入""劳动教育""教育融入""中华优秀传统文化"等方面,其主要内容在于融入的意义和作用方面,就具体的融入路径谈得比较少。

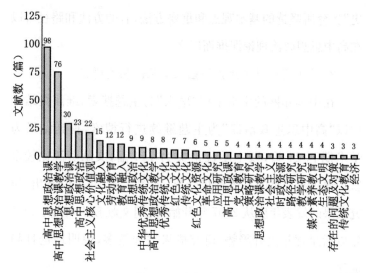

图2　文献主题分布

就现有的文献进行梳理，发现高中思想政治课融入的路径方法主要集中于以下几个方面：

（1）融入高中思想政治课的课堂教学的路径

在高中思想政治课的课堂教学中，融入其他的教学资源，需要找准"融入"的结合点，确立"融入"的带动点，打造"融入"的支撑点，①夯实"融入"的落脚点，深度挖掘"融入"在内容、形式和方法上的统一性，在理念上进行更新和教学方法上进行创新。②

---

①　齐勇.推动中华优秀传统文化教育融入课堂教学[J].思想政治课教学，2019(03)：10—12.

②　许开红.推动劳动教育融入高中思想政治课教学[J].中学政治教学参考，2020(39)：10—12.

在课堂教学过程中,可以使用如案例教学法、显性教育与隐性教育相结合等多种的教学方法,使"融入"有具体的落脚点。

(2) 融入高中思想政治课的实践教学的路径

高中思想政治课的实践教学是指在教师的指导下,学生身体力行通过某些活动而达成学习目标的实践活动。实践教学是为了具体呈现"课程内容活动化"的教学方式,主要是为了解决高中思想政治课教材中的理论与现实生活相结合的问题,同时让理论教学更具有时代特征。这种融入立足的基础以学生为主体,通过真实的生活情境,让学生在实践中形成理论的升华、思想的共鸣。[①]

(3) 融入校园文化的路径

还有的学者认为,除了在课堂教学和实践教学中融入教学资源,还可以将教学资源融入校园文化中。校园文化是一种隐性的思政教学资源,校园文化主要有物质文化、精神文化、制度文化和活动文化。学生身处校园文化中,无形中都在被熏陶和影响。校园文化可以在思想政治教师的参与和设计下,将教学资源融入校园文化的基础设施建设及各种活动中,使学生在这种环境中自觉接受和践行。[②]

---

① 徐霞,贡和法.高中思想政治课教学融入社会主义核心价值观策略例谈蕴含·融入·渗透[J].中学政治教学参考,2013(16):14—15.

② 文水霞.社会主义核心价值观融入高中思政课途径探析[J].法制与社会,2018(03):200—202.

3. 关于"四史"教育融入高中思想政治课的路径的相关研究

在中国知网上以"四史"、融入和高中思想政治为主题进行搜索，一共只查到 2 篇文献，还未形成系统的成果。从这个结果来说，"四史"教育融入高中思想政治课的路径的研究相对比较少。这也正是本文的研究意义所在。

（二）国外研究现状

国外没有专门研究"四史"教育的，这是我国独特的思想政治教育资源，但国外关于思想政治教育和历史教育的相关内容对我们有着重要的借鉴意义。从国外研究历史教育融入思想政治课程的文献可以看出，在学校教育阶段各个国家在实现思想政治教育的教学目标时不同程度地强调了历史教育内容。

每个国家的政治制度不同，在学校教育阶段开设的思想政治教育的名称也不相同。比如英国、美国和法国所进行的"公民教育"或"公民道德教育"，日本则称之为"道德教育"，加拿大、德国又叫"政治教育"等。[①]任何一个国家要想保持政局稳定，政党执政得到公民的认可，政府行为能够得到民众的支持，就必须重视公民的思想政治教育。虽然有些国家没有专门开设与思想政治教育有关的课程，却在其他很多课程中进行着思想政治教育的渗透。不同的国家只是在实现思想政治

---

① 余廷文.中日思想政治教育比较研究[D].贵阳：贵州师范大学,2005.

教育目的的方法和途径不同而已。

1. 隐性渗透方式

这类代表的国家主要有美国。美国的思想政治教育隐藏在历史教育和公民教育等学科中，体现了"润物细无声"的原则。美国的思想政治教育的隐蔽渗透体现在方方面面，比如美国的民众大部分都有自己的宗教信仰，美国的思想政治教育的内容也隐藏在《圣经》等宗教典籍里面。还有在学校教育中的专业课渗透、隐蔽课程渗透、环境渗透、社会实践渗透、大众传媒渗透等等，无一不体现出其隐蔽性。另外，教育方法也非常隐蔽。无论是说教、灌输还是身教等各种教育方法，都把思想政治教育的内容隐藏其中，用大家容易接受的方法来让受教育者能接受思想政治教育。

换句话说，美国的思想政治教育和其他的教育是融合为一体的，利用其他课程来实现思想政治教育的目标。体现最为明显的课程就是历史教育。美国一直都很注重通过历史教育来培养美国人的民族品格和民族自豪感，将美国的价值观以及其政治制度的优越性融入历史教育中。在小学的历史课上，通过给小学生讲解美国的历史发展过程和一些名人、伟人的成长过程以及重要事迹，来提升小学生的爱国热情，不断加强巩固小学生为国家贡献的理念，从小就让学生明确社会责任和社会义务。

在美国的社会经济快速发展过程中，思想政治教育起到了重要保证作用，其实效性是毋庸置疑的。与我国的思想政治教育方法相比较,美国的这种隐蔽的教育方式相对而言更符合学生的身心发展特点,学生从心里也更能接受。所以今后我国的思想政治教育工作可以从适合学生身心发展特点的角度出发来着重考虑。

2. 融合教育方式

这类代表的国家主要有日本。日本的思想政治教育课程叫道德教育,由国家统一管理,统一编写教材,利用行政干预来保障执行落实到位。

在二战前,日本道德教育的培养目标是从"和魂洋才"到"皇国良民",其实根本就是为了培养良臣顺民。在二战后,为了快速发展经济,在世界以和平为主旋律的国情下,培养目标变为培养全面发展、具有民主思想的人才。为了达到这个教育目的,日本除了在道德教育的课堂教学之外,也会利用其他课程如公民教育、通识教育、历史教育对学生进行思想武装和政治教育。[1]当然,日本的历史教育也会结合人文地理、经济、社会、道德来学习,可以加强学生融会贯通能力的培养,这是日本历史教学的一大特色。[2]在培养爱国主义情感和进行国防教育的课堂教学过程中,通过历史的视角来有意识地培养学生全球化视野下的历史意识。[3]

---

[1] 丁红卫,唐滢,曹甜甜.中日高校思想政治教育实效性比较研究[J].云南行政学院学报,2020(01):96—100.

[2] 姜勇,刘传德.日本的历史教学[J].史学史研究,1997(03):76—81.

[3] 赵世海.全球化视野下的日本历史教育新动向[J].比较教育研究,2020(07):67—72+81.

从上可以看出，日本的历史教育和思想政治教育相互融合，合力去培养学生的历史意识、全球化的眼光和爱国主义情感等这些国家亟需的公民政治品格。

3. 显性教育方式

这类代表国家主要有德国。80年代初，德国将政治教育的课程目标定为"促成对自由和多元民主的认同，了解民主原则，熟悉民主程序，培养认同能力"。①可见，德国思想政治教育的课程核心是政治认同，这与我国的思想政治教育的核心素养不谋而合，都是把政治性放在首位。

在具体的实现方式上，德国学校政治教育有统一的课程设置，教学内容也有统一的规定性，系统化的学科知识与其政治教育的基本目标保持一致，在知识点上囊括了世界历史、德国历史、国内外政治、经济理论模式等，构成了系统的政治理论教育知识体系。②德国是直接把历史的内容编写进政治教育的课程，作为教学内容出现的。

这与部分国家的融合方式不太相同。但是通过这种教材的编写方式，建立和完善思想政治教育的资源体系，高度重视学生的政治认同和课程目标的实现，③效果还是得到肯定的。

---

① 袁其波.全球化时代我国意识形态安全面临的挑战与对策[J].黑龙江教育学院学报,2008(04):1—4.
② 吕新云,张社强.美国、德国学校政治教育比较及借鉴[J].思想教育研究,2009(08):60—63.
③ 吴广庆.德国政治教育的实践特色及其启示[J].理论月刊,2012(04):183—185.

一切的现实也是历史的，一切的历史都会对现实有指导意义。在思想政治教育的领域里，我们很难把历史和政治教育割裂开来，对比历史能更好地体现当下的优越性，能更好地认同国家所走的道路，能更好地实现思想政治教育的目标。

从上面可以看出，无论采取哪种的教学方式，国外的思想政治教育大多注重家庭、学校与社会的共同参与，并强调学生、教师、评价、教学等所有教学环节的配合，共同致力于思想政治教育的发展。①这些经验对我国的思想政治教育都有重要的启示。如：日本在比较早的时间就已经明确该国思想政治教育的教育目标是培养什么样的人，而我国是近些年才提出培养什么样的人，为谁培养人的思想政治教育的宗旨，我们可以借鉴日本的在教育目标的实施过程中的方式方法，但是教育内容由于国情肯定是不能相同的。德国和美国都提倡多元的思想政治教育的评价方式，不只是对成绩的考察，还关注对学生社会实践的评价，以此鼓励学生积极参与社会生活，这种方式方法值得我们借鉴，但是我们不同于美国，我们要光明正大对学生进行思想政治教育，理直气壮地谈思想政治，把思想政治教育作为显性教育。因此，中国的思想政治教育想要长远发展，不仅应借鉴国外先进的教育思想，还应认真联系中国实际，把国家的教育方针政策和相关法律法规贯彻到位，形成极具中国特色的思想政治教育。

---

① 刘婷婷.中华优秀传统文化融入高中思想政治课研究[D].重庆:西南大学,2020.

(三) 研究述评

关于"四史"教育,国内学者大多集中于融入高校思想政治教育课的研究,着眼于从意义、内容、规律、逻辑关系、路径方法等方面进行了较为全面系统、切合实际的研究,而关于"四史"教育如何融入高中思想政治课的相关研究,一方面表现为:(1)偏重"四史"教育本身的研究,过多强调"四史"同高中思想政治课的共同教育目的,而对"四史"教育如何更好地、有针对性地融入高中思想政治课教学路径方面的研究较少;(2)已有研究虽然也涉及"四史"教育融入高中思想政治课的路径方法问题,但很少从高中思想政治课自身的教学规律以及学生的身心发展规律入手,有针对性地围绕教学设计展开"四史"教育融入高中思想政治课方面的研究。

从国外来看,关于思想政治教育、思想政治教育课同历史教育之间的发展关系,各国积累了比较丰富的经验,也取得了丰硕的理论成果,这是值得我们借鉴的地方,但其更多注重的是外延上的协同合作,注重家庭、学校、社会的共同参与,以及学生、教师、教学、评价的密切配合,并且抽象地从民主、自由、爱国、道德出发,切入对学生的思想政治教育,笼统地谈历史教育同思想政治教育的关系,因此缺乏现实针对性。

我们知道,"四史"教育远远不只是历史教育。基于此,关于"四史"教育融入高中思想政治课的路径方面的研究,有待进一步拓展和深化。

三、研究思路和研究方法

(一) 研究思路

本文立足国家对思想政治课落实"四史"教育的要求,落实立德树人的要求,落实培养高中学生的马克思主义历史观、大中小学思想政治课一体化建设和高中思想政治课核心素养培养的要求,利用文献研究法、比较分析法、理论联系实际方法等方法,对"四史"教育融入高中思想政治课的历史逻辑、现实逻辑、理论逻辑以及实践逻辑进行阐述和梳理,在此基础上,结合实证调查分析,就具体融入路径展开论证研究,提出"四史"教育融入高中思想政治课的原则、方法与对策。

(二) 研究方法

1. 文献研究法

文献研究法是指根据一定的研究课题或目的查阅和搜集各种文献资料,提取与研究有关的相关信息,从而全面、正确地了解和掌握所要研究问题的一种方法。本文主要通过查找、阅读教育部相关文件和政府公立高中思想政治课的课程标准等一些指导性文件,为实施方法和原则提供依据。研读习近平总书记的关于"四史"教育的重要论述以及马克思主义和心理学等方面的相关理论,为"四史"教育融入高中思想政治课提供理论依据。认真梳理关于"四史"和"四史"教育相关的文献资料,在已有的成果的基础上开展研究。

2. 比较分析法

本文主要通过对"四史"和"四史"教育进行比较分析,从而得到"四史"与"四史"教育之间的联系和区别,促进对"四史"教育的理解,厘清"四史"教育融入的内涵和本质。

3. 理论联系实际的方法

"四史"教育融入高中思想政治课的研究在开展过程中,不可避免地遇到将理论融入实际的问题,本文运用理论联系实际的方法,从马克思主义理论出发,遵循高中思想政治课的课程性质和基本理念,紧密联系高中生的学习特点和心理特征,结合"四史"教育融入高中思想政治课的现实要求,理论联系实际地得出"四史"教育融入高中思想政治课的路径。

4. 系统分析的方法

思想政治教育是一个全局化、全过程的教育的一个子系统,而高中思想政治课又是思想政治教育的子系统,在这个过程中,教育理念是相同的,但是教育目标在各个阶段却有细微的区别,尤其当面对的对象不同的时候,两者之间是在不断发展中的动态有机结合的。在研究"四史"教育能真正融入高中思想政治课的实践中,必须从思想政治教育的系统角度来具体分析各个环节,比如制度保障、教学环境、师资队伍培养等方面的作用。

5. 实证研究法

为了更好地开展"四史"融入高中思想政治课的相关研究工作,得到较为充分和有说服力的研究成果和结论。在研究过程中,从多维角度出发,以问题导向为切入,选取了安徽省淮北市淮北师范大学附属实验中学的部分高中学生为样本编制了"四史"教育融入高中思想政治课的现状调查的相关问卷。随后在实证调查研究的基础上,对调查结果进行统计学的量化分析整理,力图在统计、分析该问卷调查的数据后找出影响因素,为"四史"教育如何融入高中思想政治课提供思路和解决途径。

6. 访谈法

利用访谈法,与多位一线教师沟通交流,试图摸清将"四史"教育融入高中思想政治课的过程中遇到的问题,寻求更为合理有效的解决方法与途径,使本研究具有更强的现实意义和实践价值。

四、研究的创新和不足之处

(一) 研究的创新之处

1. 本文具有重要的现实针对性、紧跟当前思想政治教育的学习热点。有不少的专家学者注意到了需要将"四史"教育融入思想政治理论课的重要意义,在实践方面也进行了很多的探索,但是专门对"四史"教育融入高中思想政治课的研究很少,而且这些研究普遍缺乏系统性。这也就为本文的研究留下了很大的空间。

2. 本文凝练了"四史"融入高中思想政治课的现实要求。通过分析在高中思想政治课中融入"四史"教育的现实、理论与实践,本文凝练出"四史"教育融入高中思想政治课的原则、方法、对策,为进一步探索实践路径指明了方向。

3. 本文对高中思想政治课概念的界定、"四史"教育的内涵都进行自己的解读,对融入的教学方法进行归纳总结。

本着实事求是的科学态度提出这一命题,用充分的理论阐述和实践论证为依据,利用大胆假设、小心求证的思路去完成本课题。所以,本选题之新意,不只是理论的,也是实践的;不只是现在的,也是属于未来的。

(二) 研究的不足之处

1. 因为是新的理论研究方向,现有的研究资料如专著、文献、文件、讲话等比较多且研究方向也不一,在收集、整理和分析、提炼等方面都存在一定的难度,对文献的梳理可能不够全面。

2. 本课题的调查对象是高中学生,由于资源有限,只能调查某省某市的一所高中,调查的样本不是很多,得出的结论缺乏普遍性。

3. 融入问题很难达到有机融合的高度。"四史"教育作为高中思想政治课的教学资源,在融入过程中有其必要性和可行性,但是也有其不同之处。正是由于这两者之间的不同,在现实的融入过程中,很难达到理论的高度,融会贯通得不够充分,有机融合有所欠缺。

第一章 "四史"教育融入高中思想政治课的基本概念和现实要求

第一节 "四史"教育的基本概念

一、"四史"的内涵

"四史",简言之,是指新中国史、社会主义发展史、改革开放史和党史,其主要内容简述如下:

1. 党史

党史是中国共产党从成立发展至今的全部历史过程,是中国共产党从无到有、从小到大、从弱到强、不断地从一个胜利走向另一个胜利的过程。主要包括党历次代表大会的发展历程,党章不断充实完善的过程,以及党在各个历史时期的革命、建设、发展的实践过程。在这个历史过程中,中国共产党以马克思主义为指导,顺应时代变化,不断总结历史经验、吸取历史教训、汲取历史智慧,全面推进党的各项事业建设发展,日益成长为能够担负历史使命和责任、具有强大政治领导能力的成熟政党。

中国共产党辉煌的百年历史,大致可以划分为四个历史时期:

(1)新民主主义革命时期,从 1921 年 7 月中国共产党建立到 1949 年 10 月中华人民共和国成立。这一时期,中国共产党完成了救国大业。

(2)社会主义革命和建设时期,从 1949 年 10 月至 1978 年 12 月党的十一届三中全会召开。这一时期,中国共产党完成了兴国大业。

(3)改革开放和社会主义现代化建设新时期,从 1978 年 12 月至 2012 年 11 月党的十八大召开。这一时期,中国共产党推进了富国大业。

(4)中国特色社会主义新时代,从 2012 年 11 月至今。这一时期,中国共产党主要是推进并将在本世纪中叶实现强国大业。[1]

2. 新中国史

新中国史是指 1949 年 10 月 1 日中华人民共和国成立至今的历史,是中国共产党带领中国人民建立政权、巩固政权、探索与发展的过程,是使中国走向自主、独立、繁荣富强的发展史,是中华民族从站起来、富起来、再到强起来的历史过程。新中国 70 多年的发展历史,是党领导人民实现国家富强、人民幸福的奋斗史,同时也是党带领人民探索和深化

---

[1] 曲青山.中国共产党百年辉煌[J].学习月刊,2021(03):4—9.

社会主义建设的发展过程。在这个历史过程中,党带领人民建立了社会主义政权的国家,开展了社会主义的建设的探索过程,虽然在其中,我们走过弯路,遭受过挫折,但是我们及时总结经验教训,最终走出了适合中国国情的中国特色社会主义的道路,国力日益昌盛,国家日渐繁荣,人民生活越来越幸福、富足。在这段历史中,我们能看到中国特色社会主义道路来之不易,充分认识只有中国特色社会主义才能发展中国,充分认识到中国特色社会主义是无可辩驳的社会主义,是在坚持科学社会主义基本原则同中国具体实际、历史文化传统、时代要求相结合的过程中丰富和发展的社会主义。

新中国史,一般分为三个阶段:

第一阶段是 1949—1956 年,新中国的成立和社会主义基本制度的确立。

第二阶段是 1956—1978 年,社会主义建设的艰辛探索和曲折发展过程。

第三阶段是 1978 年至今,改革开放和社会主义建设新时代。①

3. 改革开放史

改革开放史是十一届三中全会开始实行的对内改革和对外开放、推进社会主义制度自我完善和发展的实践史。改革

---

① 张神根,张倔.细节中的新中国史[M].北京:人民出版社,2020.

开放是中国共产党带领中国人民,以经济体制改革为牵引,推进文化教育、医疗卫生、住房市场等体制全面改革的历史,其目的是为人民谋幸福、为民族谋复兴,实质是社会主义制度的自我完善和发展。

40多年的改革开放史是中国人民砥砺前行的伟大实践历程,是党中央带领人民从拉开改革开放大幕到全面展开,在困难之中谋求发展从而开创新局,在科学发展中深化,在新时代全面推进的伟大历程。①通过这些史实和实践说明,改革开放是中国共产党积极谋求国家发展的重要手段,是推进中国特色社会主义制度自我完善的伟大实践,是决定中国命运的关键一招,也是实现"两个一百年"奋斗目标和中华民族伟大复兴的关键举措。

改革开放史大致可划分为:(1)改革开放启动和全面展开阶段(1978—1987);(2)波折总结和目标确定阶段(1987—1992);(3)社会主义市场经济体制基本框架初步建立阶段(1992—2002);(4)社会主义市场经济体制初步完善阶段(2002—2012);(5)全面深化改革进入新时代(2012—至今)。

4. 社会主义发展史

社会主义发展史是指社会主义从空想到科学、从理论到实践不断发展和完善的历史过程。社会主义不是从来就有的,其发展大致经历了从无到有的思想先声、从空想到科学

---

① 本书编写组.改革开放简史[M].北京:人民出版社,2021.

的飞跃、从理论到现实的转变、从一国到多国的发展,再到中国特色社会主义的成功之发展历程,用事实向世界表明:社会主义行、社会主义能,从而坚定了人们对社会主义的信心、对共产主义的信心,坚定了人们的道路自信与制度自信。

社会主义发展史包含了世界社会主义发展的 500 多年、科学社会主义发展的 170 多年及 100 多年的中国共产党探索推进社会主义事业的伟大历史进程。社会主义发展史特别是中国共产党人这一百多年来为了理想奋斗终身、为了信念奋不顾身、坚守初心矢志不渝的历史,是无数仁人志士为了理想信念前仆后继的历史,是数以亿计的人民群众紧紧追随、不怕流血牺牲、英勇战斗的历史。[1]

社会主义发展史在时间上多有重叠,大致按照主线发展可以分为六个阶段:

第一个阶段,空想社会主义产生和发展的过程。

第二个阶段,马克思恩格斯创立科学社会主义理论体系的历程。

第三个阶段,列宁领导十月革命胜利并实践社会主义的过程。

第四个阶段,苏联模式逐步形成的过程。

第五个阶段,新中国成立后党对社会主义的探索和实践

---

[1] 本书编写组.社会主义发展简史[M].北京:学习出版社,2021.

的过程。

第六个阶段,党做出进行改革开放的决策、开创和发展中国特色社会主义的过程。①

二、"四史"教育的概念

2021年4月教育部办公厅发布《教育部办公厅关于在思政课中加强以党史教育为重点的"四史"教育的通知》,在大中小学的思政课中开展以党史教育为重点的"四史"教育,明确要求各学段落实以"四史"为主的学习教育内容。

传统意义上认为教育就是有目的地培养人的社会活动。凡是有目的地增进人的知识、技能、情感、态度、价值观等方面的活动,甚至也包括在社会上、家庭里、学校中、朋友间受到的各种有目的的影响,都是教育。②所以,教育是指人有意识地通过若干方法、通过媒介等形式向他人传递信息,期望以此影响他人的精神世界或心理状态,帮助或阻碍他人获得某种(些)观念、素质、能力的社会活动。③

基于此,"四史"教育的概念是以"四史"为学习内容,有目的有意识地通过各种媒介和宣传方式、学习方法,向全社会特别是青少年群体传递以党史为重点的"四史"的相关信息的一种社会活动。

---

① 郭强.社会主义发展史上的六个时间段[J].新课程导学,2021(22):1—2.
② 石佩臣.教育学基础理论[M].北京:教育科学出版社,2018:131.
③ 孔繁成.布鲁纳的教学原则[M].山西:山西人民出版社,2019:3.

三、"四史"与"四史"教育的关系

"四史"与"四史"教育的关系是内容和主题的关系。"四史"要始终突出"四史"教育的核心主题,"四史"教育必须依托于"四史"的教育内容,用多种学习形式、宣传方式,通过各种媒介来实现培育人民爱党爱国爱社会主义的目的的一种教育学习活动。

以史鉴今,历史是我们的宝贵财富。不论是谁,不读点历史,不了解自己国家的历史,不知道历史与现实的关系,不从过往中汲取成功或者失败的经验和教训,是很难产生强烈的爱国主义和家国情怀,很难有强烈的责任担当的。我们要学会从历史来看当下,从历史中汲取养分,认识社会发展的规律,才能提升自己的思想觉悟,继而变成行动自觉。

在今天这个和平年代,我们学习"四史"的内容,把"四史"教育作为当前或者今后很长一段时间的学习重点,有助于高中生更加积极了解当前国家和国际的形势,不断增强使命感和担当感,更好地理解"新时代"赋予青年一代的责任,更好地实现成长和发展,不负韶华,不负青春。

四、"四史"教育融入的内涵与本质

"四史"内容洋洋大观,取之不尽,用之不竭,具有非常丰富的内涵。深入学习挖掘"四史"中具有教育意义的部分,对于我们加强"四史"教育学习具有十分重要的意义。高中思想

政治课是对高中生进行思想政治教育的学科,是高中生形成正确的"三观",坚定理想信念,不断健康成长所需的重要精神食粮。"四史"教育对高中生的影响,关键在于有效融入高中思想政治课,在这里,融入首先是一种教学方法和教育模式,更应该是一种教育理念。

"融入"与"融合"是不等同的。在百度百科中,"融入"的解释是"融合,混入,混合"。在2016年商务印书馆出版的《现代汉语词典》中,查到的"融合"的解释是"几种不同的事物合成一体"。①从这里可以看出,"融入"和"融合"是不完全相同的。

"融入"与"融合"的相同点在于,都是将两个或两个以上的事物混合在一起。这些事物既有相同或者相通的内容,也有相异的部分。如果这两个或者两个以上的事物完全不相干,如同完全不相交的几个圆,那是不可能混合在一起的。

"融入"和"融合"又具有很多的不同点。第一,主体地位不同。在"融合"的定义中,不同的事物的地位相同,而在"融入"的要求中,几个不同事物之间是有主有次的,主体地位是完全不相同的。在"四史"教育融入高中思想政治课中,应以高中思想政治课为主,以"四史"教育为辅,只是作为一种教育资源、教学理念渗透到高中思想政治课的体系之中的。其二,混合后所导致的结果不同。两个或者两个以上的事物融合在

---

① 中国社会科学院语言研究所词典编辑室.现代汉语词典[M].北京:商务印书馆,2016:1072.

一起,结果是可能产生新的事物,具有区别于旧事物的新特点。比如,教育学与计算机学科融合在一起后,形成了教育信息技术这个交叉学科。在这样一个新的交叉学科中,是教育学占主导,还是计算机占比比较大,应该说并不是泾渭分明的,但这个学科一定是新的学科,会形成新的理论。而"融入"是不改变事物的根本属性,只是一些事物增强另外一些事物。

因此,把"四史"教育融入高中思想政治课,只是在一定程度上丰富了高中思想政治课的内容和方法,增强了高中思想政治课的课堂活力和教育实效,没有从根本上改变高中思想政治课的性质和学科任务,更没有因此而产生新的理论学科。

"四史"教育融入高中思想政治课的具体做法,后面的章节会专门阐述,这里需要揭示"四史"教育融入的内涵。

1."融入"的可能性与必要性。"四史"教育与高中思想政治课是两个既有联系又有区别的学习内容,如同数学中两个相交的圆,既有公共的部分,又有本质相异的内容。因为有相同的部分,这就为"融入"提供了可能性。又因为有相异的部分,这就为"融入"提供了必要性。"四史"教育与高中思想政治课不互相排斥,但是又不能完全相互替代,所以只有让"四史"教育融入高中思想政治课,发挥各自的长处,为高中思想政治课注入新的内涵,让课程教学有了方向,也让课程教学内容有了新的载体。

2."融入"的特点。"四史"教育的融入,主要是指将"四史"教育融入高中思想政治课的教学过程中。"四史"教育作为一种资源、方式、理念,贯穿于高中思想政治课的教学中,能够提高高中思想政治课的教育内涵,增强立德树人的实效性。

第一,"四史"教育融入,是一种教育活动,具有很强的实践性。需要深度分析"四史"教育与高中思想政治课的实践关系,从而弄清楚融入的可行性和必要性,更需要到教学过程中去反复实践,从而提高融入的质量,积极探索融入的有效途径。

第二,"四史"教育融入,是一种教学资源和教学理念。"四史"教育的融入,作为一种教学资源,能够有效地提高高中思想政治课的"含金量",推进高中思想政治课的创新,同时也有利于深化对"四史"教育的认识。将"四史"教育作为一种教学理念,贯穿整个教学过程中,并贯穿于学生的日常生活与自主学习中,让高中生明白我们中国特色社会主义道路的艰难探索过程,了解中国共产党的百年发展历程,充分认识到党的发展宗旨在于践行"人民至上"的理念,从而提高思想觉悟和提升政治觉悟,增强社会责任感和使命感,使思想自觉和行动自觉相统一,确保立德树人的根本任务落在实处。

五、高中思想政治课的界定

对开展研究的其中一个主题高中思想政治课进行界定,

要分析界定清楚高中生、高中思想政治课教材及高中思想政治课程标准、高中思想政治课这几个概念。

首先绕不开的一个主体是高中思想政治课的授课对象——高中生。本文中研究的高中生是全日制普通高中的在校学生,从高一到高三,年龄普遍在 15 岁到 19 岁之间,思想、思维都比较符合社会主流的想法,三观基本正确。在开展研究的过程中,需要了解到高中生的身心特点,以便于在开展融入对策研究的时候加强针对性。高中生的身心特点决定了在设计具体的融入案例的时候分析学情,而学情分析决定了上课过程中的教学重难点和所使用的教学方法,所以对高中生的身心特点做一个界定是有必要的。高中生的身心特点主要来源于他们的生活环境和社会环境,这两个大环境决定大部分的高中生的身心都具有普遍意义上的一些共性。本文研究的高中生都出生在 2000 年之后,社会发展比较快,物质条件相比较于以前都是比较好的,在生活上面基本上物资都不匮乏,这就导致大部分高中生如果没有对比和情感铺垫,很难对我们先辈的生活和情感产生共鸣,尤其是对新中国史中改革开放之前的中国人民的困难生活不能有具象化的想象和理解,所以在融入的教学过程中要做好这部分的前期铺垫。但是这个年龄段的高中生对人对事都拥有比较质朴而炙热的情感,可以在这个时候引导他们厚植爱国情怀,树立中国特色社会主义理想信念,树立责任担当意识,成为社会主义合格的建设者和接班人,起到事半功倍的作用。

其次,本文研究"四史"教育融入高中思想政治课的路径中所使用的高中思想政治课的教材是 2019 年国家教材委员会审核通过的、教育部组织编写的人民教育出版社出版的普通高中思想政治教科书,全套高中思想政治教科书共分为两类,必修课程和选择性必修课程,其中必修课程四本,必修 1"中国特色社会主义",必修 2"经济与社会",必修 3"政治与法治",必修 4"哲学与文化";选择性必修课程三本,选择性必修1"当代国际政治与经济",选择性必修 2"法律与生活",选择性必修 3"逻辑与思维"①。

另外,需要确定本文开展研究过程中制作教学设计的课程标准是中华人民共和国教育部制定的《普通高中思想政治课程标准(2017 年版 2020 年修订)》,人民教育出版社出版,这是在制定融入的教学设计时课程理念和核心素养目标的确定的来源。

最后,对高中思想政治课进行界定。显然,本文开展研究的高中思想政治课是教学活动,不仅仅限于课堂内、教室内所开展的教学活动,尤其现在的课程标准要求高中思想政治课要构建为活动型学科的课程,教学活动开展的场所可以是教室外、校园外、社会上。教学活动要想开展,必须有执教人——教师,有接受教育学习的主体——高中生,课堂教学开展所依据的教材——普通高中思想政治课教材,有编写教学

① 中华人民共和国教育部制定.普通高中思想政治课程标准(2017 年版 2020 年修订)[M].北京:人民教育出版社,2020:9.

设计的课程标准——普通高中思想政治课程标准,当然也还要有能够有依规开展教学活动的组织——公办或者民办的普通高中学校。在教育学中,课堂教学的定义是"教师向学生传授知识、技能的过程,它通常涉及教师的讲解、学生的参与以及固定的教学时间和组织形式[①]",根据以上的相关概念的分析,高中思想政治课的概念就是高中思想政治课教师依据高中思想政治教材和课程标准,在普通高中学校的安排和组织下,在固定的教学时间内向高中生传授知识和技能的过程。

第二节 "四史"教育融入高中
思想政治课的现实要求

习近平总书记在"不忘初心、牢记使命"主题教育总结大会上提出学习"四史",与新时代的实践相联系,在社会实践中切实增强、贯彻落实党的思想自觉和行动自觉。[②]

"四史"教育是通过学习"四史",利用确凿的事实回答"马克思主义为什么行""中国共产党为什么能""社会主义为什么好",做到史论相结合,让人们了解开辟中国特色社会主义的道路的艰苦过程、形成中国特色社会主义理论的艰难过程、探

---

① 史小力主编.教育学[M].南昌:江西高校出版社,2018.1.
② 习近平.习近平谈治国理政 第 3 卷[M].北京:外文出版社,2020:540—541.

索中国特色社会主义制度的艰辛过程,从而能够在实践中坚定个人理想与中国特色社会主义的共同理想相结合,为中华民族伟大复兴贡献自己的力量,为社会发展贡献自己的才智。所以学习"四史",政治性是摆在第一位的。这与高中思想政治课的课程目标高度契合,这就为"四史"教育融入高中思想政治课提供了前提和基础。

一、落实思想政治课的立德树人根本任务的要求

高中思想政治课的根本任务是立德树人。"立德",就是树立德业,就是通过正面教育,坚持德育为先,来引导、感化、激励;"树人",就是通过合适的教育——坚持以人为本的培养人才模式,来塑造人、改变人和发展人。在培养高中生的过程中,如何具体落实立德树人? 如何通过思想政治理论课来感化、激励学生形成正确的价值观呢? 显然要在高中思想政治课上下功夫。

把"四史"教育融入高中思想政治课,坚持在课堂教学和实践教学过程中,通过正面树立榜样人物和把典型事例嵌入教学中,让学生能够从教学过程中充分体会到前辈英雄们为了坚持自己的理想信念,为了建立新中国,为了让更多人能够幸福,毅然决然地付出自己的所有包括生命。通过树立榜样和学习他们的英雄事迹,使得学生在教学中能够有强烈的代入感,能够深切地体会到前辈英雄的伟大,领悟到新中国的来之不易,珍惜现在的幸福生活。通过利用"四史"教育的良好

教学资源来充实高中思想政治课的方法,可以有效地感动和感化学生,继而产生激励,学生从内心产生高度认同感,思想上有了预期,行动上也会随之改变。所以,把"四史"教育融入高中思想政治课,使得立德树人落在了实处。

二、落实培养学生的马克思主义历史观的要求

我国教育部制定的《普通高中思想政治课程标准(2017年版)》(以下简称"课标")明确指出,高中思想政治课程对高中生的培养目标是培养学生历史的眼光、国情的眼光、辩证的眼光、文化的眼光和国际的眼光。①把"四史"教育融入高中思想政治课,是培养学生的马克思主义历史观,夯实学生理论根基,拨正学生思想航向,实现立德树人根本任务的必然要求。

历史观是人们对世界社会历史的根本观点和总的看法。②人的历史观在一定程度上影响着他的世界观、人生观和价值观。当前,我国经济社会发展已经进入新时代,在应对世界百年未有之大变局的时代背景下,多种文化相互交流、交锋,各种社会思潮对青少年的影响铺天盖地。对于涉世未深的高中生而言,他们也被裹挟其中。高中生在思想和心理上还不够成熟定型,而且他们精力充沛,对任何新鲜事物都抱有强烈的求知欲,正处于人生的"拔苗孕穗期"。高中阶段是人

---

① 中华人民共和国教育部.普通高中思想政治课程标准[M].北京:人民教育出版社,2017:1—2.

② 李松林.简论加强大学生历史观教育[J].思想教育研究,2012(6):23—26.

的世界观、人生观、价值观形成的关键时期,因此,培养高中生树立正确的思想观念,学会全面辩证地看待问题,学会运用唯物史观来解释社会现象是高中思想政治课教学的目标之一。在思想政治课教学中,通过历史和现实相统一、理论和史实相结合,帮助学生学会运用历史的、辩证的、国情的、国际的、文化的眼光来看待问题和分析问题,树立正确的马克思主义历史观,精心栽培和引导好处于"拔节孕穗期"的高中生。古人常说:"前车之鉴,后事之师"。通过对历史的深入学习,后人可以把握历史发展规律,总结历史发展经验,增长历史发展智慧。把"四史"教育融入高中思想政治课程中,把中华民族上下 5 000 多年的文明史、社会主义 500 多年的发展史、中国人民自近代以来 180 多年的斗争史、中国共产党领导人民 100 年的奋斗史、新中国成立 72 年的治国理政史、改革开放 43 年来的奋进史融入课堂教学中,以史导论,让学生从高中思想政治课堂上汲取历史智慧,深刻理解和把握历史规律和历史趋势,总结并牢记历史经验与教训,学会用历史眼光认识发展规律、指导现实,培养正确的历史观。①

三、落实大中小学思想政治课一体化建设的要求

2019 年 3 月 18 日,习近平总书记在学校思想政治理论课教师座谈会上强调"在大中小学循序渐进、螺旋上升地开设思

---

① 张志丹.围绕立德树人加强"四史"教育[J].红旗文稿,2021(4):38—40.

想政治理论课非常必要"。①2019 年 8 月,中共中央办公厅、国务院办公厅印发了《关于深化新时代学校思想政治理论课改革创新的若干意见》,明确指出要"坚持思政课在课程体系中的政治引领和价值引领作用,统筹大中小学思政课一体化建设"。②通知中还明确了大中小学思想政治理论课的课程目标,高中阶段重在提升政治素养。

"政治素养"是一种特定的社会文化教养,表现人们对于本阶级根本利益认识和实践的程度。简单而言,就是个人在生活中的政治意识和政治行为,是个人思想和行为中的稳定的政治趋向的一种表现。因此,个人在社会中所表现的政治习惯体现了这个人的政治素养。③高中生由于学习任务较重以及还属于未成年等原因,他们在现实生活中参与政治行为的实践机会并不多,因此,在思想政治课教学过程中培育学生的政治素养就显得尤为必要。

习近平总书记强调,在人才培育的全部过程和各个环节中,要把显性教育与隐性教育两种不同的教育方式相结合,要在尊重教育规律的基础上,结合教学规律和学生成长规律,充分挖掘教育资源蕴含思想政治教育的。"四史"教育融入高中

---

① 习近平主持召开学校思想政治理论课教师座谈会强调:用新时代中国特色社会主义思想铸魂育人 贯彻党的教育方针落实立德树人根本任务[N].人民日报,2019-3-19(1).

② 关于深化新时代学校思想政治理论课改革创新的若干意见[M].北京:人民出版社,2019.

③ 李忠尚.软科学大辞典[M].沈阳:辽宁人民出版社,1989.

思想政治课中,能够给高中思想政治课提供更多的课程资源选择,在教学各环节中有效融进"四史"教育,让隐性的课程资源和显性的教学知识目标相结合,把政治素养贯穿于课堂教学过程的各个环节。比如,在教学导入环节,可以创设历史上某一个事件的具体情境,让学生根据当时的社会政治关系、经济关系、国际环境、国家国情等方面,站在无产阶级和人民大众的立场上,形成相应的情感体验,自觉地表达个人的看法。又或者,可以在教学辨析环节,让学生就某一具体的形势或者重要的历史事件来开展辨析。道理是越辩越明的,了解是越辨越深入的,记忆是越辨越深刻的。这样设计教学讨论环节,加强了体验式学习,能够强化学生的思想意识和政治认同,而且也做到了理论和实际相结合,让思想政治课程的深度和广度都得到了延伸,也能够更好地落实大中小学思政课一体化建设要求,为之后大学阶段的理想信念教育提升打好基础。

四、落实培养高中思想政治课程核心素养的要求

2017年版的高中思想政治课程标准中提出了政治认同、科学精神、法治意识和公共参与这四种学科核心素养。

"四史"主要讲的是中国共产党成立以来带领广大人民抵御外来侵略、争取民族独立、实现人民解放和中华民族伟大复兴的历史。[①]"四史"教育就是基于此,利用史实材料,对党的

---

① 靳诺.围绕立德树人 加强"四史"教育[J].思想政治工作研究,2020(5):22—24.

政治奋斗历程和中华民族的政治选择历程进行再回顾,再学习,不断砥砺初心。因此,"四史"教育融入高中思想政治课的教学,能够帮助学生培养学科核心素养。

首先,"四史"教育融入高中思想政治课有助于提升学生的政治认同素养。高中思想政治课的政治认同是指要培养学生拥护中国共产党的领导,认同中国特色社会主义道路,认同国家、民族和文化,自觉弘扬和践行社会主义核心价值观。"四史"教育借助重要事件、重要人物、重要决策来告诉学生,实现中华民族伟大复兴的根本保证是中国共产党的领导,中国特色社会主义道路是适合中国国情和中国人民的发展道路,是适合中国强大起来的发展道路。在新时代,要实现中华民族伟大复兴的中国梦,必须弘扬和践行社会主义核心价值观,才能全国人民一条心,同向发力,牢固树立起高中生的社会主义合格建设者和可靠接班人意识,坚定其"服务人民、奉献社会"的理想信念。

其次,在高中思想政治课的教学中融进"四史"教育的内容,有助于培养学生的法治精神和提升学生的法治素养。高中思想政治课的法治精神和法治素养是指培养学生尊法学法守法用法,自觉参加社会主义法治国家建设的精神素养。在高中思想政治课的内容中融进新中国史及改革开放史等四史的内容,充分让学生明白为什么要建设社会主义法治国家,明白社会主义法治国家建设是依法治国和以德治国的高度统一,理解只有坚持"两手一起抓",既强调德治的引领和教化作用，又坚持法治的规范和强制作用，才能坚持和发展中国特色社会主义。要实现人民当家作主，只有坚持社会主义法律，才能实现普遍意义上的平等、自由、公正。每个人都敬畏法律，尊崇法律，自觉学习法律，在实践中使用法律才能让法律落到实处。

再次，"四史"教育融入高中思想政治课有助于培养高中生的科学精神。高中思想政治课的科学精神是指学生能够在社会实践过程中坚持用马克思主义的科学世界观和方法论作为价值判断和行为选择的准则。我国改革开放四十多年的社会实践，每天都进行着实践创新，已经发生的和未来要发生的每一个改革创新的过程中都发扬着科学精神。将"四史"教育融进高中思想政治课程中，有助于高中生认清社会发展规律和阶段性特征，在百年未遇之大变局的过程中，形成正确的价值观。面对纷繁复杂的世界形势，能够立足我国国情，不被困难吓倒，把握发展时机，坚定不移地把社会主义事业推向前进。

最后，"四史"教育融入高中思想政治课有助于提升学生的公共参与的素养，培养学生的社会责任感和家国情怀。高中思想政治课的公共参与是指学生能够有序地参与公共事务，勇于承担社会责任。由于高中生大部分都是在校住宿，很少真正有时间去实地参与公共事务的管理等事宜。所以很多高中生的公共参与的欲望很低，积极性不高。在思想政治课教学过程中，可以通过多媒体的技术，在课堂上创设真实的情境,带学生穿越时空,回到战火纷飞、时局动荡的近代历史,从历史发展的轨迹中体悟革命先辈们为了国家、为了人民甘愿奉献自己的生命的感人事迹。可以在课堂教学中模拟"四史"教育中的一些重要决策、重要制度的产生背景、过程,让学生在互动中真实地参与到公共事务,真正地把公共参与的素养培养过程落到实处。①只有这样才能真正地触动学生的心灵,培养学生天下兴亡、匹夫有责的社会责任感,激发学生的公共参与欲望。

五、培养学生树立共产主义信仰的要求

2017 年版的普通高中思想政治课程标准的课程性质中有提到高中思想政治课程的目的之一就是要帮助高中生逐步树立共产主义信仰。

信仰的形成是要长时间的、潜移默化的才能取得成效。对于高中生而言,现有的高中思想政治课程的教材内容对于信仰的培养是已经有了初步的、浅表层的迹象,要想把这种浅表层的对马克思主义的信心、对中国特色社会主义的信念、对中国共产党的信任上升到对共产主义的信仰,还需要有更为深层的学习,扩大学习的外延,把"四史"材料当作课堂教学的辅助学习资料,或者是在课堂教学中融入"四史"的相关知识,就能把这种深化变得可能。从党史的学习中更加坚信对中国

---

① 吴晓娟.新媒体条件下公共参与精神的培养[J].祖国,2019(10):242+235.

共产党能带领中国人民走向中华民族伟大复兴，从新中国史的学习中更坚定中国从站起来、富起来到强起来的信心，从改革开放史的学习强化对中国共产党带领人民走中国特色社会主义的道路自信和制度自信，从社会主义发展史的学习中能更相信社会主义远大理想一定能实现，"四史"教育的融入能把树立共产主义信仰的要求落实在实处，理论与实践相结合的教育方法才能潜移默化地将信仰树立起来。

第二章 "四史"教育融入高中
思想政治课的理论依据

　　"四史"教育融入高中思想政治课,既是实践问题也是理论问题。其中隐含着严密的理论逻辑和科学的理论依据。要探讨"四史"教育融入高中思想政治课的理论依据,需要从两个方面来分析,一是分析"四史"教育融入高中思想政治课的马克思主义理论的依据,从马克思主义理论学科出发阐述"四史"教育融入高中思想政治课的必要性,借鉴教育学、心理学等相关学科的理论,进一步来说明"四史"教育融入高中思想政治课的可实施性,二是分析"四史"教育与高中思想政治课的内在联系,这是实现"四史"教育有效融入高中思想政治课的关键。

第一节 "四史"教育融入高中思想
政治课的理论依据

一、马克思主义关于人的全面发展理论

　　马克思关于人的全面发展理论是指"人的自由而全面的

发展"。①这里人的自由而全面的发展是架构在每个人的自由而全面发展的基础之上的。要想实现人的全面发展,必须实现共产主义,只有在那个物质财富极大丰富、实现按需分配、人的精神境界极大提高的共产主义社会,每个人才能自由而全面地发展。②

高中阶段作为"拔苗孕穗"期,正是人生观、世界观以及价值观即将要形成的时候,这个时间对高中学生加强共产主义的理想教育,为他们将来发展指明正确方向。③

"四史"教育的目的之一就是在学生的学习、思考和实践过程中悟出正确的历史观和人生观,从而坚定共产主义远大理想,立鸿鹄志,做奋斗者。④这与马克思关于人的全面发展理论是高度契合的。

马克思主义关于人的全面发展理论是对人的社会本质和人的社会发展的基本认识,通过尊重人在发展过程中的本质而实现人的全面发展。马克思在《德意志意识形态》一书中,正式提出了"个人的全面发展"这一科学概念。他认为:"个人的全面发展指的是人的劳动能力的发展,也就是使人的体力和智力得到全面、和谐、充分的发展,还包括个人的道德品质

---

① 马克思恩格斯全集,第 1 卷[M].北京:人民出版社,1995:243.
② 本书编写组编.思想道德修养与法律基础 2018 年版[M].北京:高等教育出版社,2018(4):37.
③ 龙钰.马克思主义人的全面发展理论对思想政治教育的启示[J].学校党建与思想教育,2013(3):13—15.
④ 郭鹏飞,付山清.新时代青年加强"四史"学习的价值与方法[J].学校党建与思想教育,2021(18):33—35.

发展,使人们成为各方面都有能力的人,即能通晓整个生产系统的人。"马克思认为人的全面发展包括体力和智力的双重发展,表现在教育教学环节既要促进学生身体素质健全发展,又要提升学生的智慧,启发思维,实现个体的全面发展。智力因素在个人发展乃至整个社会发展过程中起关键性作用,情感教育和马克思主义理论的相通之处在于都要求促进人的全面发展。①

二、习近平总书记关于"四史"教育的重要论述

"欲知大道,必先为史。"党的十八大以来,习近平总书记就深入学习"四史"教育作出一系列的重要论述,是提高广大干部群众的思想认识和工作水平的重要方法,也是在青少年中全面落实立德树人根本任务的重要举措。习近平总书记关于"四史"教育的重要论述主要包含以下四个方面:

第一,关于"四史"教育的目的。"历史就是历史,……历史总是向前发展的,我们总结和吸取历史教训,目的是以史为鉴、更好前进。"②开展"四史"教育是为了在对历史的深入思考中做好现实的工作,更好地为未来服务,走好新时代的长征路。③在这个百年未遇之大变局的时代,中国要想发展,必须

---

① 陈静.情感教育融入高中思想政治课教学研究[D].西安:西安理工大学,2021.

② 习近平.论中国共产党历史[M].北京:中央文献出版社,2021(2):57—58.

③ 朱文豪.习近平关于"四史"教育的重要论述研究[J].南方论刊,2021(11):18—19+25.

全社会凝聚共识,齐心合力、统一认识,坚定理想信念,明确初心使命,提高能力和本领,毫不犹豫地听党话、跟党走,为实现社会主义现代化强国、实现共产主义贡献自己的能量。

第二,开展"四史"教育的方法。习近平总书记强调开展"四史"教育要"深入群众、深入基层、深入人心",要讲究方式方法的。可以利用文艺作品传播能力强、传播范围广、接受容易等特点,鼓励创作以"四史"为题材的文艺作品尤其是影视作品。要多精心组织相关的出版物,更不能忽视互联网在"四史"教育中的宣传作用。①还可以充分利用革命博物馆、纪念馆、党史馆、烈士陵园等这些党和国家红色基因库②进行现场教学,能够直击人的心灵,起到很好的教育作用。尤其还要学会"讲故事、讲好故事"。③讲英雄的故事、党的故事、长征的故事、抗美援朝的故事、重大战役和重大事件的故事等,将这些史实资源作为生动的教材,有助于学习的深入性。

第三,开展"四史"教育学习的内容。习近平总书记指出"历史是最好的教科书",学习"四史"教育,就是要学习"我们党和国家事业的来龙去脉,汲取我们党和国家的历史经验,正确了解党和国家历史上的重大事件和重要人物"。④要对我们

---

① 习近平.在党史学习教育动员大会上的讲话[J].党建,2021(4):4—11.

② 习近平.论中国共产党历史[M].北京:中央文献出版社,2021(2):111.

③ 习近平.思政课是落实立德树人根本任务的关键课程[M].北京:人民出版社,2020:22.

④ 习近平.在中央党校建校80周年庆祝大会暨2013年春季学期开学典礼上的讲话[N].人民日报,2013-3-3(2).

经历过的历史清晰明了,对我们曾经遭受的苦难不要忘记,对为了我们今天幸福生活而付出努力拼搏甚至流血牺牲的前辈仁人志士不要忘记,要对大家特别是青少年讲清楚"中国共产党为什么'能'、马克思主义为什么'行'、中国特色社会主义为什么'好'等"这些基本道理①,更是要讲清楚"只有社会主义才能救中国,只有坚持和发展中国特色社会主义才能实现中华民族伟大复兴"②这个重要道理,把爱国主义和集体主义以家国情怀根植在每个青少年的骨髓里,把爱我中华的种子埋入每个青少年的心灵深处。③

最后,开展"四史"教育的意义。习近平总书记说:"历史是最好的老师。"学习"四史",要从中汲取历史经验,要"增强学生的中国特色社会主义的道路自信、理论自信、制度自信、文化自信,不被任何干扰所惑,立志肩负起民族复兴的时代重任"。④要通过深入学习,认识到:中国共产党的领导是贯穿"四史"的主导性实践逻辑;"四史"是四个自信形成的历史逻辑;"四史"蕴含着共产党执政规律、社会主义建设规律、人类社会发展规律。⑤要最终达到对中国共产党、国家和中国特色社会主义的认同,从而能够为了"实现'两个一百年'奋斗目标、实现

---

① 习近平.学好"四史",永葆初心、永担使命[J].求是,2020(11).
② 习近平.论党的宣传思想工作[M].北京:中央文献出版社,2020(11):345.
③ 习近平著.论中国共产党历史[M].北京:中央文献出版社,2021(2):161.
④ 习近平著.论党的宣传思想工作[M].北京:中央文献出版社,2020(11):345.
⑤ 肖文燕,罗春喜.习近平关于"四史"学习重要论述的精神实质[J].江西财经大学学报,2020(6):11—19.

中华民族伟大复兴的中国梦贡献自己的智慧和力量"。①

中国特色社会主义的伟大实践需要"四史"的涵育与滋养,中国特色社会主义的美好蓝图需要"四史"的描绘和润色,中华民族的伟大复兴需要"四史"的擘画与引领。苟日新、日日新、又日新,只有常学常新,方能在与各种错误思潮交锋交战中增强政治判断力、觉醒政治领悟力、提升政治执行力,共同铸就"为天地立心、为生民立命"的不朽丰碑!②

三、习近平总书记关于青年理想信念的重要论述

"心有所信,方能行远。"全社会宣传和学习"四史"教育,目的就是希望广大干部群众特别是青少年能够在学思践悟中坚定理想信念、矢志拼搏奋斗,每个人走好新时代的长征路,才能实现中华民族伟大复兴的梦想。③从党的十八大以来,习近平总书记就高度重视青年的理想信念问题,在很多重要场合都作出了重要论述。

首先,青年的理想信念关乎国家未来。这是回答青年为什么要坚定理想信念。习近平总书记强调"青年理想远大、信念坚定,是一个国家、一个民族无坚不摧的前进动力"。④青年

---

① 习近平给复旦大学青年师生党员回信勉励广大党员　在学思践悟中坚定理想信念　在奋发有为中践行初心使命[J].思想政治工作研究,2020(7):8.

② 潘贺男,苏醒,邵奇.习近平总书记关于"四史"学习教育重要论述的逻辑进路探析[J].教书育人(高教论坛),2021(21):4—8.

③ 习近平.学好"四史",永葆初心、永担使命[J].求是,2020(11).

④ 习近平.在纪念五四运动100周年大会上的讲话[N].人民日报,2019-5-1.

是未来实现国家和民族的共同理想和远大理想的中坚力量和接班人,只有青年一代有理想、有担当,国家就有前途,民族就有希望。①

其次,青年的理想信念是"精神之钙"。这是回答青年理想信念是什么的问题。青年的理想信念是要坚定马克思主义、共产主义信仰、坚定中国特色社会主义信念、坚定中华民族伟大复兴中国梦的信心,②有了理想信念,青年就有了奋斗的目标,就有了前进的动力,在精神上也有了支柱,就能在心里产生自信和信心,精神境界极大提高,进而体现在行动上才会有自觉和自强,才会砥砺奋进,所以理想信念是青年人精神上的"钙",③能够稳固青年的精神世界。

最后,青年的理想信念要"紧跟时代、肩负使命、锐意进取"。④这是回答青年理想信念做什么的问题。习近平总书记强调学到的理论知识不能只停留在书本上和头脑里,要落实在行动上。⑤青年大学生要把爱国之情、强国之志、报国之行统一起来,把自己的梦想融入人民实现中国梦的壮阔奋斗之中。⑥青

---

① 习近平.在同各界优秀青年代表座谈时的讲话[N].人民日报,2013-5-5(2).

② 吴云志,刘根旺.习近平青年理想信念重要论述研究综述[J].思想理论教育导刊,2019(9):145—150.

③ 学而时习.革命理想高于天,习近平总书记谈理想信念[EB/OL].http://www.qstheory.cn/laigao/ycjx/2021-02/07/c_1127076926.htm.2021-2-7.

④ 习近平.在知识分子、劳动模范、青年代表座谈会上的讲话[N].人民日报,2016-4-30(2).

⑤ 习近平.在北京大学师生座谈会上的讲话[N].人民日报,2018-5-3(2).

⑥ 习近平.在欧美同学会成立100周年庆祝大会上的讲话[N].人民日报,2013-10-22(2).

年只有树立崇高的理想信念,才能激发起为民族复兴和人民幸福而发奋学习的强烈责任感和使命感。

当代青年要立足于新时代,要志存高远,要把自己的理想信念融入实现中华民族伟大复兴的实践中去。强调"四史"教育融入高中思想政治课的重要性,就是为了要让广大青年特别是高中生坚定理想信念,把思想自觉化为行动自觉,积极主动地学习掌握建设祖国、服务人民的本领,使理想信念之花结出丰硕的成长成才之果。

四、建构主义学习理论

建构主义学习理论认为学习是个体主动建构自己知识的过程。学生对于知识的接受,不仅仅只是教师讲授,还应该包括学生主动建构自己的经验知识背景,对知识进行分析、检验和批判,进而接受的过程。对于学生而言,学习是一个知识双向流动的过程,一方面新学习的知识需要纳入原有的知识结构中,重组后得到一个新的知识体系,另外一方面,原有的知识结构由于新的知识的进入,进行了一定程度的调整或者改变。学生通过新旧知识的相互流动的过程,形成了知识体系的形成、改变和丰富。比如,教学中常用的探究活动等教学方法就是建构主义学习理论在具体的课堂教学中的应用。学生学习的知识是客观的,但是对于同一知识的理解却会受到个人的原有成长背景、经验、学识程度等因素的影响,导致学生的理解不同,这就需要教师在课堂教学中尽量能够创造情境,在对知识的理解和阐释上由于前期的环境相同而能够让学生产生差不多的理解。建构主义学习理论认为:学习是引导学生从原有经验出发,生长(建构)起新的经验。①

"四史"教育的融入,能够为枯燥的知识提供生动的支撑。高中思想政治课的课程性质是学生运用马克思主义基本原理,经历自主思考、合作探究的学习过程,逐步树立"两个理想"——共产主义的远大理想和中国特色社会主义的共同理想,基本形成正确的三观。这个学习过程中,如果学生主动建构,会起到很好的教学效果。而把比较枯燥的理论生动化,为严谨的史实提供事实的支撑,学生建构的过程会很快,这是将"四史"教育融入高中思想政治课的目的所在。

曼纽尔·卡斯特认为"所有的认同都是建构起来的,认同的建构所运用的材料来自历史、集体的记忆"。②"四史"里面忠实地记录了曾经发生的历史和刻在中国人民骨子的那些记忆,了解这些历史,深刻认同中国共产党的领导是历史和人民做出的正确选择,深刻认同中国共产党探索社会主义建设道路特别是开创和发展中国特色社会主义事业在中华民族发展史上具有开创意义。③"四史"对"马克思主义为什么行""中国共产党为什么能""中国特色社会主义为什么好"作了清

---

① 李方.教育知识与能力[M].北京:高等教育出版社,2011(11).

② [美]曼纽尔·卡斯特著;曹荣湘译.认同的力量第 2 版[M].北京:社会科学文献出版社,2006(9).

③ 刘贤伍.习近平总书记关于"四史"的重要论述研究[J].新东方,2021(2):18—23.

晰的阐明和支撑。学生在"四史"学习的过程中能够以此主动建构知识体系，继而相信、认同、接受，并能身体力行，逐步坚定自己的理想信念。

五、人本主义学习理论

人本主义学习理论是架构在人本主义心理学的基础上而发展起来的一门学习理论。人本主义学习理论强调以人为本，要在学习过程中尊重学习者的尊严和价值，学习的过程实质是让学生学习如何学习，教学过程重点在于让学习者在学习过程中逐步促进自己变成一个完善的人。强调在学习过程中，学生整个人包括情感和认知两个方面都需要投入到学习中，是学生自动自发的学习过程。该理论在教学目标观上强调"知情合一"，突出强调有意义的自由学习。这种学习理论突出情感在教学中应该占据重要的地位和作用。如果在学习过程中，能让学生感到学习的必要和乐趣，学生就会自动自发地积极参与到学习过程中。在学习中，教师只是作为学习的引导者和促进者，学生才是学习过程中的主体。比如，在具体的课堂教学中教师会使用情境式教学法或者开始实践课，使得课程内容活动化等都是从人本主义学习理论出发的，在学习过程中能够有实践活动，尽量做到"知行合一"。

通过不同形式的"四史"教育的学习，能够激起学生的内在的民族感和集体荣誉感，能够明白今天的中国、今天的生活的来之不易，明白英雄前辈们为了新中国付出的艰苦和血泪，继而强化个人的理想信念,从内心想学习,并自觉主动地去学习。其学习效果真正能够事半功倍。人本主义学习理论的核心在于让学习者"学习如何学习"。"四史"教育说到底就是通过"四史"的学习,有助于高中生在关乎民族、国家和个人命运的"生动"的实践中,能够在"知情合一"的学习过程中学会学习,"润物细无声"地完成立德树人的根本任务。

第二节 "四史"教育与高中思想政治课的内在联系

"四史"教育与高中思想政治课无论在学习目的、学习资源还是学习方法上,都有相似或者相通的地方。这几方面的内在联系,为"四史"教育融入高中思想政治课提供了可行性。

一、目的的统一性

"四史"教育的学习目的是"要了解我们党和国家事业的来龙去脉,汲取我们党和国家的历史经验,正确了解党和国家历史上的重大事件和重要人物"。①借由此来"总结历史经验、把握历史规律,增强开拓前进的勇气和力量"②,毕竟"历史、现实、未来是相通的"③。学史增信,学史明智,高中生学习和

---

① 习近平.在中央党校建校 80 周年庆祝大会暨 2013 年春季学期开学典礼上的讲话[N].人民日报,2013-3-3.
② 习近平.论中国共产党历史[M].北京:中央文献出版社,2021:121.
③ 习近平.习近平谈治国理政(第一卷)[M].北京:外文出版社,2018:67.

掌握"四史"知识，能够把握历史发展的趋势，更加坚定实现共产主义的信心，以便更好把握当下、开辟未来。①"四史"教育能够更好地坚定高中生对中国特色社会主义的道路自信、理论自信、制度自信、文化自信，坚定认同中国共产党的全面领导，在成长的过程中，把个人理想和社会理想结合起来，为成为合格的社会主义事业的接班人和建设者做好准备。

高中思想政治课程的教学理念是坚持理论和实践相结合，注重对学生进行马克思主义基本理论教育，使学生理解马克思主义中国化就是马克思主义基本原理同中国具体实际相结合的过程。面对今天的世情、国情，学会用历史的眼光，引领学生通过观察、辨析、反思和实践，真学真懂真信真用马克思主义，在人生成长的道路上把握正确的思想政治方向。②

从上面可以看出，"四史"教育和高中思想政治课程的学习目的是统一的，都是培养学生的"四个自信"、政治认同和大历史观，掌握马克思主义基本立场、观点、方法。

二、资源的统一性

思想政治课程的课程标准中建议要善于融通各种资源，形成立足中国、挖掘历史、把握当代、面向未来的思路。这些

---

① 刘贤伍.习近平总书记关于"四史"的重要论述研究[J].新东方,2021(2)：18—23.

② 中华人民共和国教育部制定.普通高中思想政治课程标准 2017 年版[M].北京：人民教育出版社,2018：2.

可使用的资源应该是既有深厚的历史底蕴，又能够明确彰显中国的立场。通过使用合适的资源，能够让学生理解生活，开阔视野，又能够激起学生自主学习的欲望，有益于学生潜能的发挥和创新创造，满足时代和国家对学生发展的需要。

"四史"教育的内容丰富多样，从历史中来说明我们要坚持马克思主义，只有中国共产党能改造中国和发展中国，只有走中国特色的社会主义的道路才能实现中华民族伟大复兴，这些历史无比贴近思想政治课程的教学目的，因而是思想政治课程宝贵的教学资源。由于"四史"教育学习的方式多种多样，展现形式也是各式各样，网络上音频、视频、语音、文字等形式不同的材料数不胜数，比较符合高中学生的学习特点，因而都可以供学生课上或者课下学习。在教学过程中既增加了趣味性和实效性，又能够比原有的课堂教学生动活泼，也能够让有些枯燥的原理有了生动的支撑，课程教学的内容让学生信服，让教师讲课更有底气和力量，同时还丰富了高中学生的课余生活，实现了"全方位育人""全程育人"，为育人提供了坚实的立足点，让"育人""细无声"。

从这个角度来说，把"四史"教育作为思想政治课的教学资源，为学生的学习深度和教师教学的广度创造了有利的条件，为思想政治课的理论性提供了历史支撑和实践支撑。通过"四史"教育中的史实，便于学生结合实践理解理论问题，利用理论解决实际的困惑，以透彻的学理分析回应学生，以彻底的思想理论说服学生，用强大的真理理论引导学生，帮助学生理解马克思主义基本原理。

三、方法的统一性

2019 年 8 月习近平总书记首次在正式场合提出全体党员学习"四史",之后关于"四史"教育学习的材料很多,同时学习的方式方法也很多,总结起来就是"学思践悟"。通过文字材料,或者是通过影片、视频、史实材料、走访革命圣地等形式的学习,弄懂基本史实和把握历史规律,了解"四史"的主要内容,进而在实践中运用和体会"四史"学习的成果,在实践中发扬党的革命精神,彰显党的优良作风,传承党的使命意识与担当精神,创造性地运用党的工作方法。[①]也就是说,"四史"教育的学习是将理论性孕育在实践中的,用探索性的实践活动来证明理论的正确性,是将理论内容活动化,让理论更好为人所接受。

高中思想政治课的定位是构建以培育思想政治学科核心素养为主导的活动型学科课程,通过课堂教学和社会实践等活动,实现"课程内容活动化""活动内容课程化"。让学生在社会实践活动的历练中通过自主辨析的思考,深切感悟真理的力量,自觉践行社会主义核心价值观。[②]

---

① 熊成帅.学思践悟:学习"四史"的方法路径与基本要求[J].理论建设,2021,37(3):8—15.

② 中华人民共和国教育部制定.普通高中思想政治课程标准 2017 年版[M].北京:人民教育出版社,2018:2.

从两者的学习方法来看,都是通过"学思践悟"的方式来学习知识的,把"四史"教育作为高中思想政治课的教学资源来使用,在学习方法方面两者是统一的,不会违背高中思想政治课的课程定位。另外,"四史"教育的学习更偏重利用史实来说明理论,很好地弥补了高中思想政治课的实践性不强的短板,让课程能够更好将显性教育与隐性教育融为一体。在教学过程中,充分利用"四史"的相关情境,充分调动学生已有的知识感悟和生活体验,充分调动学生学习的主动性、创造性,努力培养高中生的思想政治课程的核心素养。

第三章 "四史"教育融入高中思想政治课的现状以及存在的问题及成因

"四史"教育融入高中思想政治课,面临着如何融入,融入之后会产生什么效果,具体融入过程中会遇到哪些问题,以及如何解决等问题。这些问题不仅需要从理论上去进行分析,还需要在实践中进行检验。基于此,本文对高中生发放问卷,基于问卷的结果,对"四史"教育融入高中思想政治课的现状和成因进行分析。

第一节 "四史"教育融入高中思想政治课的现状调查

一、调查对象和方法

安徽是在"四史"上留下浓墨重彩的一个省份。党史中的新文化运动的倡导者、发起者、中国共产党的主要创始人之一和党早期主要领导人陈独秀是安徽人。在新中国史上,安徽金寨县为了新中国的成立贡献了 59 位开国将军,牺牲了 10

万余人。40年前的1978年,安徽省凤阳县梨园公社小岗生产队的18户农民,在他们决心搞"大包干"的那份契约上按下的18颗红手印成为点燃中国农村改革的星星之火。今天,安徽省又称为不断坚持和发展中国特色社会主义道路实现"中部崛起"的重要省份。安徽省淮北市更是有着众多"四史"教育的红色教育基地的城市,有"中国好人之城"的称呼。在这里,高中生从小耳濡目染,"四史"文化底蕴深厚,开展"四史"教育有着得天独厚的优势。

访谈的高中思想政治课教师来源于淮北市的多所高中,一共咨询23人,有市名师工作室三个,市级名师5人,淮北师范大学教育硕士校外导师6人。这些教师在教育教学方面都有着敏锐的洞察力,同时教学能力都比较强,比较适用于本次的调查研究。对教师的访谈是当面进行访谈的,访谈结果后期整理成了Word文档。

淮北市淮北师范大学附属实验中学创建于1984年,是"省示范高中""市思想政治工作先进单位""市文明学校""市文明单位"。学生问卷调查选取对象是淮北市淮北师范大学附属实验中学高一年级、高二年级和部分的高三年级的学生,其中高一年级299人,高二298人,高三18人。由于该学校规定学生不允许带手机到校,所以采用的方法是现场发放纸质问卷,学生答完后及时收取问卷,后期把纸质问卷的结果导入到电脑中利用Excel软件进行统计分析。

二、调查内容的设计

本次学生的调查问卷是在与部分高中思想政治课教师的交流与指导下,基于科学方法论和教育理论的学科特色的思想指引下进行编制。为了提升问卷的信度和效度,一共设计了 23 个选择题,其中 18 个单选题,5 个多选题,内容设计主要包括如下几个调查部分:

(1)对学生基本情况和对"四史"教育的认知情况的调查。第 1 题是对学生所处年级的调查,第 2—4 题是为了了解学生对于"四史"教育的认知程度。

(2)对高中思想政治课上融入"四史"教育的学生态度的调查。第 5 题是调查高中生认为高中思想政治课上融入"四史"教育有无必要,第 6 题主要调查学生对高中思想政治课的态度,第 7 题是对目前高中思想政治课上融入"四史"教育的实施程度进行调查。

(3)对高中生对于具体的"四史"教育内容总体认知情况的调查。第 8—16 题,主要了解学生通过课内外的学习,对于具体的"四史"教育内容的认同情况,包括对党的认同,对中国特色社会主义道路的认同,对改革开放的认同,等等。

(4)对"四史"教育融入高中思想政治课的方法途径及融入趋势的认识的调查。第 17—23 题主要是调查学生是否认为有必要系统学习"四史"教育,以及认为通过什么具体的途径可以实现在高中思想政治课中融进"四史"教育。

　　教师访谈提纲有 10 个问题,其中有 9 个开放性的问题。教师访谈提纲设计主要是从对"四史"教育的认知,融入的必要性,融入的意义,融入对于高中生能有哪些帮助,融入过程中具体会遇到哪些困难,融入的前景展望等方面来展开访谈的。

三、调查数据分析与处理

　　一共发放纸质问卷 615 份,回收问卷 573 份,回收率为93.2%,其中 572 份是有效问卷,有效率为 99.8%。教师访谈一共访谈 5 人,访谈结果 5 份,回收率 100%。

　　为验证此次调查数据采样的可靠性和有效性,笔者运用SPSS 统计软件分别对调查数据的信度和效度进行了分析。表 3-1 的数据显示,克隆巴赫 Alpha 系数值大于 0.8,表明此次问卷调查的来源数据具有较高的稳定性和可靠性,能够较大程度地反映调查对象对调查内容的真实反映情况;KMO 值大于 0.5 且 Bartlett 的 Sig 值小于 0.05,表明问卷的结构设计比较合理,能够较大程度地测量出调查目的并进行因子分析,进而也凸显了样本抽取的有效性。

表 3-1　调查采样的信度

可靠性统计	
克隆巴赫 Alpha 系数	0.803
基于标准化项的克隆巴赫 Alpha 系数	0.821
项　　数	17

　　注:Alpha 系数>0.8,则信度较高;0.7<Alpha 系数<0.8,则信度适中;Alpha系数<0.7,则信度较低。

第二节　学校师生对"四史"教育融入高中思想政治课的认知分析

一、师生对"四史"教育的态度

（一）教师对"四史"教育的态度

教师对于"四史"教育的态度是认为需要了解，并且在平时的教学过程中有意识地融入了"四史"教育的内容。这表明教师对"四史"教育持积极肯定的态度。

（二）学生对"四史"教育的态度

从表3-2可以看出，有6.6%的学生认为在高中阶段完全没有必要去学习"四史"；62.9%的同学认为可以在高中阶段部分了解"四史"教育的知识；只有30.8%的同学很坚定地认为在高中阶段开展"四史"教育是完全有必要的。

表3-2　作为高中生，你认为有必要在高中阶段进行"四史"教育吗？

选　　项	频率	百分比（%）	累积百分比（%）
完全没有必要	38	6.6	6.6
可以部分了解	360	62.9	69.5
完全有必要	174	30.5	100.0
合　　计	572	100.0	

从表3-3可以看出，7.7%的学生认为无所谓，学与不学都可以；8.7%的学生认为考试考什么就学习什么；20.3%的学生认为日常生活中有点接触就可以了，没有必要系统地学习"四

史";63.3％的学生认为作为中国人非常有必要了解"四史",应该系统地学习"四史"。

表3-3 你觉得有必要系统地学习"四史"吗?

选　　项	频率	百分比（%）	累积百分比（%）
无所谓,学与不学都可以	44	7.7	7.7
考试考什么就学习什么	50	8.7	16.4
没有必要,日常生活中有点接触就可以了	116	20.3	36.7
非常有必要,作为中国人应该了解"四史"	362	63.3	100.0
合　　计	572	100.0	

从表3-4可以看出学生对于"四史"教育能融入高中思想政治课的原因的选择,"它本身比较有趣,而且接近生活"占比22.8％;"它受到众多媒体的宣传和很多人有意识的提及"占比27.8％;"它有很多历史故事,能增加自己的历史知识"占比34.8％;只有"因为从小到大的教科书都涉及"这个选项占比14.7％,比例不太高,说明比较多的学生都是认为"四史"教育融入高中思想政治课是由于"四史"教育本身的内容丰富,对生活和学习有指导作用,外界的宣传也让学生产生了好奇心,从心理上和精神上做好融入的准备了。

表3-4 你觉得"四史"教育能融入高中思想政治课的原因是什么?(可多选)

选　　项	个案数	百分比（%）	个案百分比（%）
它本身比较有趣,而且接近生活	231	22.8	48.7
它受到众多媒体的宣传和很多人有意识的提及	282	27.8	59.5
它有很多历史故事,能增加自己的历史知识	353	34.8	74.5
因为从小到大的教科书都涉及	149	14.7	31.4
合　　计	1 015	100.0	214.1

通过上述调查可以看出,学校师生对于了解"四史"都是持积极肯定的态度的,教师基本上已经有融入的意识,学生大部分都希望接触这部分的知识,比较多数学生认为应该系统地学习"四史"。这充分说明,在高中思想政治课中融入"四史"教育的时机已经成熟。

二、师生对融入意义的认识

(一)教师对融入意义的认识

通过对思想政治课教师的访谈,所有教师都认为"四史"教育对于学生的学科核心素养的培育意义重大,对学生的理想信念及价值观的培养也会产生影响,在思想政治课上融入"四史"教育的内容,是能够让课堂教学起到实效的好举措。这表明教师对"四史"教育融入高中思想政治课的意义是充分肯定的。

(二)学生对融入意义的认识

从表3-5可以看出,76.7%的学生认为"四史"教育融入高中思想政治课有助于积累历史知识;69.1%的学生认为有助于培养高中政治课程核心素养;79.1%的学生认为有助于培养爱国主义;70.6%的学生认为有助于培养社会主义核心价值观;12.7%的学生认为有点帮助,但意义不大;3.2%的学生认为完全没有意义和作用。从调查结果来看,绝大部分的学生对于"四史"教育融入高中思想政治课是有意义的,持积极肯定的态度,这与教师的态度一致。

表 3-5　你觉得"四史"教育融入高中思想政治课的意义何在？（可多选）

选　　项	个案数	百分比（%）	个案百分比（%）
有助于积累历史知识	363	24.6	76.7
有助于培养高中政治课程核心素养	327	22.2	69.1
有助于培养爱国主义	374	25.4	79.1
有助于培养社会主义核心价值观	334	22.7	70.6
有点帮助,但意义不大	60	4.1	12.7
完全没有意义和作用	15	1.0	3.2
合　　计	1 473	100.0	311.4

通过上述的分析可以看出,大部分的教师和学生认为"四史"教育含有极其丰富的思想政治教育的资源,应该渗透融入高中思想政治课。也正是基于对融入的这种正向的评价,我们在访谈中发现很多教师在课程组的建议或者上级教研室的倡导下,已经在平时的课堂中开始少量融入"四史"教育的内容,增加了教学资源的选择性和丰富性。

三、师生对当前融入工作的评价

（一）教师对当前融入工作的评价

在对教师访谈的过程中发现,有 5 位教师对将"四史"教育融入高中思想政治的现状和前景持有很乐观态度,占比21%;有 11 位教师保持比较乐观态度,占比48%;还有 7 位教师感觉一般,占比 31%。从数据上看,尽管 69% 的教师保持乐观态度,但是"感觉一般"的占比不算太低,这说明在当前的融入过程中还存在一些难点。

（二）学生对当前融入工作的评价

从表 3-6 可以看出，对当前"四史"教育融入高中思想政治课的状况，有 6.6％学生表示不满意；51.9％的学生给出的评价是一般；41.5％的学生是满意。从这里可以看出，满意比例没有达到一半，说明学生对于当前的融入状况评价一般，融入工作还是有很大的提升空间。

表 3-6　你对当前"四史"教育融入高中思想政治课的状况满意吗？

选　项	频　率	百分比（％）	累积百分比（％）
不满意	38	6.6	6.6
一　般	297	51.9	58.5
满　意	237	41.5	100.0
合　计	572	100.0	

从表 3-7 可以看出，将"四史"教育融入高中思想政治课，4.2％的学生认为不会使自己更好地理解"马克思主义为什么行，中国共产党为什么能，社会主义为什么好"，29.2％的学生认为有作用但是作用不大，66.6％的学生认为会有作用。

表 3-7　如果在当前的高中思想政治课融进"四史"教育的内容，会使你更好地理解"马克思主义为什么行，中国共产党为什么能，社会主义为什么好"吗？

选　项	频　率	百分比（％）	累积百分比（％）
不　会	24	4.2	4.2
有作用但是作用不大	167	29.2	33.4
会	381	66.6	100.0
合　计	572	100.0	

以上这些调查结果表明，教师对于融入工作有热情也有顾虑，学生对于融入工作有期待也有忧虑。这也从侧面反映

了融入工作还有很大的提升空间,应该加大工作力度,从制度上予以重视,从政策予以保障,从方法途径上予以拓展。

四、师生对"四史"教育认同度的调查

(一)教师对"四史"教育的认同度

通过对教师的访谈,普遍都对"四史"教育持认可肯定的态度,认同度100%。

(二)学生对"四史"教育的认同度

问卷中的第8题至第16题,通过这些问题调查学生对国家历史的认同度、对党的领导的认同度、对共同理想的认同度以及对远大理想的认同度。从表3-8调查数据来看,学生对于"四史"教育完全认同的最高占比83.9%,最低占比67.4%,而对"四史"教育认同度不确定的最低占比3.7%,最高占比10%。这说明"四史"教育还需要下大力气开展,有很大的提升空间。

表3-8 学生对"四史"教育的认同度

题 项	完全认同 (人、%)		比较认同 (人、%)		不好说 (人、%)	
我国走社会主义发展道路是历史和人民的选择	393	68.7	144	25.2	35	6.1
中国共产党能代表最广大人民的根本利益	385	67.4	145	25.3	42	7.3
没有共产党就没有现在的幸福生活	425	74.3	100	17.5	47	8.2
改革开放极大地提高了人民的生活质量	436	76.2	105	18.4	31	5.4
改革开放极大地提升了医疗水平	416	72.7	116	20.3	40	7.0
改革开放极大地改善了我们的交通条件	416	72.7	135	23.6	21	3.7
社会主义制度优于资本主义制度	420	73.4	101	17.7	51	8.9
中华民族一定会实现伟大复兴	480	83.9	65	11.4	21	4.7
共产主义在不久的将来一定会实现	397	69.4	118	20.6	57	10

五、师生对融入趋势的认知

(一)教师对融入趋势的认知

从教师的访谈结果来看,所有教师都认为"四史"教育有必要融入高中思想政治课,但是对于应该通过什么方法途径来融入,看法不尽一致。有18位教师认为融入工作的关键是课堂教学,占比78%;有13位教师认为除此之外,还应该有媒体辅助(电视、网络、报纸等)来进行课堂外的学习延伸,占比57%;还有10位教师认为,融入的关键在于能够知行合一,融入应该在实践教学中多加探索,占比43%。

(二)学生对融入趋势的认知

从表3-9可以看出,学生认为"四史"教育最佳的途径和渠道是电视和网络及思想政治课、历史课等课堂教学,分别占比为70.8%和78.7%;次之的是传统的媒体报刊和广播,占比分别为45.9%和35.8%;只有31.4%的学生认为同学之间交

表3-9 你认为学习"四史"教育的最佳途径和渠道是什么?(可多选)

选　　项	个案数	百分比 (%)	个案百分比 (%)
电视和网络	322	26.9	70.8
思想政治课、历史课等课堂教学	358	29.9	78.7
报　刊	209	17.4	45.9
广　播	163	13.6	35.8
同学交流	143	11.9	31.4
其　他	4	0.3	0.9
合　计	1 199	100.0	263.5

流是比较好的学习渠道。除此之外,有 0.9％的同学认为可以
通过其他更好的途径来学习"四史"教育。这说明高中生接受
的学习方式以网络、电视和课堂教学为主,而阅读报刊和收听
广播不再是接受新知识的主渠道。相比而言,同学们之间的
交流占比则更少。这就说明现在的高中生更多地认为学习是
个人行为,不再是一个群体性行为。

从表 3-10 可以看出,77.8％的学生认为学校有意识地进
行"四史"教育的宣传和讲授,学生也能够接受到"四史"教育
的内容,有 22.2％的学生对此不太关注、不了解,这说明学校
在融入的工作中的作用没有发挥到最大。

表 3-10 你们学校通过什么途径来进行"四史"教育?(可多选)

选 项	个案数	百分比(%)	个案百分比(%)
文化墙、展览框宣传	185	23.1	39.6
主题教育活动	203	25.4	43.5
教师课堂讲授	234	29.3	50.1
不太关注、不了解	177	22.2	37.9
合 计	799	100.0	171.1

从目前来看,师生对于"四史"教育融入高中思想政治课
的趋向认知都集中于在课堂教学,当然也应该在网络等媒体
技术上下功夫,同时学校也应该发挥宣讲的主渠道作用,为提
升"四史"的教育效果提供强有力的辅助保证。

总之,从学校师生对"四史"教育融入高中思想政治课的
认知情况来看,师生对融入的意义和态度都持正向肯定的态

度,也对融入的工作方法方式有所期待,这充分说明融入工作
有了良好的教学实施基础。

第三节 "四史"教育融入高中思想
政治课存在的问题分析

通过调研,我们发现目前在将"四史"教育融入高中思想
政治课的过程中,已经有了一些积极的做法,也取得了一定的
成效。但是从数据中也还是能发现有一些问题需要改进,下
面就调研中发现的问题做具体分析。

一、融入的保障机制不健全

从调研中可以发现,虽然在市级教研室和学校的课程组
层面已经有意识去建议教师在高中思想政治课教学中融入
"四史"教育,但是目前这还主要停留在建议层面,并未形成强
制性的要求,主动权在教师的手上。而教师在选择是否融入
的时候,会有很多顾虑。

其一,高考内容的不确定性。高中教学的指挥棒仍然在
于高考,高考的考察范围是具有强烈的导向功能。教师课堂
教学有时候也想融入"四史"教育的内容,但在具体教学过程
中会考虑到,如果融入会占据原本就为数不多的课时,导致正
常的高考必考内容学习时间被压缩,学生的考试成绩可能会
受到影响。在目前高考没有明确表示会考到"四史"教育的内

容的情况下,教师在课堂教学对是否融入往往犹豫不决,有时会果断舍弃。

其二,教师的精力有限。相比较于原来已经成熟的教学设计,教师上课是"熟门熟路",融入后的教学设计会花费教师大量的时间和精力。新的教学设计需要教师深入学习、理解和掌握"四史"教育的内核和精华,这样才能实现与课本内容很好的融合。高中思想政治课教师平时除了教学以外其他的工作也非常多,比如学生管理、学校管理等,时间和精力都有限,这也是教师对融入"畏首畏尾"的重要原因之一。

其三,尚未建成完整的融入体系。以所调研的这所学校来说,在教师的访谈过程中,部分老师提及自己的课堂上融入"四史"教育的内容比较浅显,即兴发挥的多,选择材料比较随意,没有形成系统,使得融入过程中知识体系缺乏连贯性。因为目前融入的工作还不是必须的要求,所以没有形成完整的融入体系,比如没有完备的教学计划和教学评估等监测手段。还有的老师说乡镇中学的高中思想政治课教师有些根本没有将"四史"教育融入课程的计划和想法,开展融入教学的情况基本为零。

所以,在"四史"教育融入高中思想政治课中,如果我们的上级教育主管部门和学校不能在政策方面有一定的要求和保障,是无法真正将"四史"教育融入高中思想政治课,也很难将全体高中思想政治课教师通力协作起来,群策群力,把融入落实下去。

二、融入的氛围不浓厚

从调查的结果来看,在表 3-10 中有 37.9％学生对于宣传"四史"教育的途径不太关注。这一方面也说明了校园"四史"教育的氛围营造不够浓厚。当然,校园内的氛围营造的地点应该包含课堂内和课堂外、教室内和教室外,所以氛围的营造也不仅仅是学校政教处或者学工处的责任。

表 3-11 你接触和了解"四史"教育主要来源于哪里?

选　项	个案数	百分比 （％）	个案百分比 （％）
学校的宣传	128	13.7	22.4
教师课堂的讲授	274	29.3	47.9
父母平时的言谈中	36	3.9	6.3
电视上、网络上	310	33.2	54.2
其他途径	187	20	32.7
合　计	935	100	100

从表 3-11 的调查结果显示,学生能了解"四史"教育的主要来源,学校的宣传只占比 13.7％,教师课堂的讲授也只占比 29.3％,这里的教师课堂的讲授包括所有教师的讲授比如历史教师,并不是单指高中思想政治课教师的讲授,所以高中思想政治课上融入"四史"教育的教师讲授的占比应该是少于 29.3％。另外,由于是多选题,这两项在总的百分比总计只有 43％,没有超过一半。

上表也说明,在学校的教室内外,学习宣传所营造的"四史"教育的氛围还有待提高;在课堂内外,教师将"四史"教育融入高中思想政治课的教学氛围也需要再加强。好的氛围和环境对学生产生很强的熏陶作用,当置身于浓厚的"四史"教育的氛围之中,不知不觉就会对其产生兴趣,从而强化学生的学习动机,使得学生和老师都会从中受益。

三、融入课程的能力不够

在教育实践活动中,所有的教育工作最终都是需要靠教师去落到实处的。所以,在将"四史"教育融入高中思想政治课的过程中,教育的主导者——教师的能力就显得很重要了。在教师的访谈过程中,我们了解到,教师由于精力、学习能力等原因很难对"四史"的内容有深入全面的掌握,很难做到在需要的时候能够恰如其分地使用合适的历史材料说明观点,或者能够做到史论结合、论从史出。

表 3-12 你对高中思想政治课感兴趣吗?

选 项	频 率	百分比(%)	累积百分比(%)
不感兴趣	66	11.6	11.6
一 般	313	54.7	66.3
感兴趣	193	33.7	100.0
合 计	572	100.0	

从表 3-12 中可以看出,学生对于高中思想政治课感兴趣的占比只有 33.7%,而不感兴趣的占比也有 11.6%,这说明学生对于高中政治课本身的兴趣不是很大,需要老师在教学能力方面有所提高。

表 3-13　高中思想政治课教师是否会在课堂上讲解"四史"教育?

选　项	频　率	百分比(%)	累积百分比(%)
不　会	187	32.7	32.7
偶尔会	208	36.4	69.1
会	133	23.3	92.3
经常会	44	7.7	100.0
总　计	572	100.0	

表 3-13 的调查结果显示,高中思想政治课教师经常会在课堂上讲解"四史"教育的占比只有 7.7%,而完全不讲的占比却有 32.7%。这说明高中思想政治课教师在课堂上并不主动去融入"四史"教育,这与教师的访谈结果也很符合。

总之,从以上的分析中可以看出,有的教师在高中思想政治课上的教学方式方法需要提高,以增强学生的上课积极性。同时,将"四史"教育融入高中思想政治课的过程,是一个认识不断深化与实践不断创新的过程。在融入过程中,教师的融入能力包括理论水平和教学能力都有待提高。面对个性迥异的学生,高中思想政治课教师首先应从认真学习"四史"开始。教师只有作为必修课来学习,才能在课堂上发挥"四史"教育的主导作用和引领作用。

四、融入过程学生积极性不高

从表 3-2 中可以看到,只有 30.5% 的同学认为完全有必要进行"四史"教育,也就是说有 69.5% 的同学认为"四史"教育有部分必要或完全没有必要;在表 3-3 中,有 36.7% 的学生认为没有必要系统学习"四史";在表 3-5 中,也有 15.9％的学生认为"四史"教育融入高中思想政治课没有太大作用和意义。这些数据都表明有不少学生在融入过程中是不积极的,对此是不感兴趣的。再结合表 3-8 对学生关于"四史"教育的认同度的调查,也有一小部分的学生对国家历史的认同、对党的领导的认同、对共同理想的认同以及对远大理想的认同是持有不确定的态度,这很能说明一部分学生的"三观"是急需要教师进行引导和引领的。

学生对融入的积极性不高,这个问题的形成原因有多个方面:

其一,教师课堂教学方法不够新颖,学生兴趣不高。高中生在从小到大的思想政治课的学习过程中,教师运用"灌输法"上课的时候占多数,部分高中生对此已经不感兴趣了。教师课堂上的教学方法比较"老套",无法引起学生的关注,对课堂内容提不起兴趣,所以学生对于融入的积极性也就不高。

其二,学生只关注高考考试的科目和知识点,对其他的都不关注。这部分的学生眼里只有高考考点,尤其是高中思想政治课。很多的知识点原来怎么上课不重要,重要的是到最后都需要学生背诵,所以有的学生就对上课过程不关注,对具体的原理和观点内涵也不关注,只知道死记硬背知识点,这部分学生对融入自然也是不积极的。

其三,还有部分学生由于社会上错误思潮的影响,思想上已经有点"走偏"。现代社会信息来源多,而且网络上的信息是真假参半、良莠不齐,高中生还没有能力分辨真假是非。有部分的高中生被网络上一些错误思潮如历史虚无主义误导,对党的历史、新中国的历史、社会主义的历史产生了质疑。思想形成了先入为主的错误观点,自然会对正确的思想和正确的历史形成抵触情绪,对融入的积极性自然也就不高。

所以,学生对于融入的积极性不高,也需要教师实事求是、因人而异地了解问题所在并想办法解决,引导学生弄清楚当今中国所处的历史方位和自己所应担负的历史责任,深刻理解中华民族从站起来、富起来到强起来的历史逻辑、理论逻辑和实践逻辑,坚定"四个自信",增强听党话、跟党走的思想自觉与行动自觉,真正提升"四史"教育在立德树人方面的实效性。

第四节 "四史"教育融入高中思想政治课存在问题的成因分析

当前,产生"四史"教育融入高中思想政治课的问题成因是多方面的,这里主要分析以下三个方面的原因。

一、学校和管理部门对"四史"教育融入高中思想政治课的重视程度不够

从上面的问题分析中可以看出,上级主管部门和学校对融入的保障机制不健全、融入的氛围不浓厚,究其主要原因是

由于学校和管理部门对"四史"教育融入高中思想政治课的重视程度不够。这里的"不够"不是不作为,而是做了但是做得不够,效果还不太理想。目前,教育部已经有相关文件要求各地各学校加强"四史"教育,尤其是在青少年当中增强"四史"学习,有效提升青少年从政治上、思想上、情感上的认同,引导他们听党话、跟党走,传承好红色基因,在和平年代也能延续红色血脉。实际上,"四史"教育融入高中思想政治课需要教育行政部门的顶层设计,需要学校的积极推动,需要各级教研室主动落实。显然,这方面的工作还需要有较大的改善才能完成融入工作。

多年来,应试教育仍然在社会上占主导地位,从教育主管部门到学校,衡量教学质量的标准仍然是高考考了多少分,有多少学生考上了重点大学。这种思想也决定了教师、学生、家长,更为强调学习成绩,相对忽略思想道德品质的养成,从而使"四史"教育的融入缺乏有力有效的导向。就教育主管部门和学校而言,如何加强"四史"教育的学习,如何引导教师、学生和家长转变思路,需要从自身改变起,从理念、从政策、从保障、从方法途径上多下功夫,能够真正切实想办法去解决有效融入的问题,从重视程度、从思路、从举措、从行动上来看融入成果。

"四史"教育融入高中思想政治课的教学实践不仅仅只是在教室内部开展的,有的时候也需要开展实践活动。而实践活动的开展需要有经费、场地等,这些都需要学校和管理部门来进行安排和协调。所以,学校和管理部门不能只是被动地宣传和强调"四史"教育的重要性,而忽视了在具体行动中的引导和协调。因此,其"领头羊"的作用没有发挥充分,重视程度需要再提高。

二、教师在高中思想政治课上对"四史"教育的资源利用不够充分

课堂教学实践过程中,教师是主导者,一节课如何根据学生的需要去设计好教学,充分利用好"四史"教育资源,这是一个值得学习探索思索的问题。

表 3-14　你对当前"四史"教育融入高中思想政治课的状况满意吗?

选　项	频　率	百分比(%)	累积百分比(%)
不满意	143	25.0	25.0
一　般	297	51.9	76.9
满　意	132	23.1	100.0
合　计	572	100.0	

从表 3-14 的调查结果来看,有 25% 的学生对于当前"四史"教育融入高中思想政治课的状况是不满意的,只有 23.1% 的学生认为是满意的。从这里可以看出,学生对于教师在课堂上融进"四史"教育的教学方法是有所期待的,更希望教师能够根据课堂内容、学生的认知特点和时代特性,创新融入的方法,改变教学资源的融入方式,更紧密地把资源与教学内容联系起来,在教学中更彻底、更充分地利用好"四史"教育资源。

在"四史"教育中,学生更为喜闻乐见的方式主要有舞台剧、辩论赛、小视频、微专题等。"四史"教育资源非常丰富,可以有多种展现形式,化抽象理论为具体实践,化被动学习为主动学习,让"四史"教育真正地进课堂、进头脑,也更有效地帮助学生坚定理想信念,树立正确的价值观。

从教师访谈的过程中,能够发现有的教师虽然将"四史"教育融进课堂教学,但是使用的方式方法还是比较传统,所以课堂上的教学效果跟以前相比没有产生大的提升,这说明教师对资源的利用方式方法没有创新,没有充分发挥"四史"教育在育人立德方面独特的作用。另外,会产生这个问题还有一个原因是应试教育的导向作用,反映到具体的思想政治课堂上就是教师更加注重和考虑考试的考点,不太愿意将时间和精力花费在形式多样的教学设计上,因此资源的利用也不彻底。

三、高中生利用"四史"教育资源开展思想政治课学习的主动性不够

通过上面的问题分析,发现高中生对融入的积极性不是特别高,这也侧面反映了高中生利用"四史"教育资源开展思想政治课学习的主动性是不够的。具体形成原因主要是内部原因和外部原因两个方面。

内部原因是高中生由于学习科目比较多,压力较大且精力、时间有限。高中生的学习习惯一般都是教师在思想政治

课的课堂上灌输和强调,课下复习巩固课堂上的知识,对于教师不强调的知识,很少主动学习钻研。这样高中生主动把"四史"教育作为思想政治课的学习资源去开展学习就变得十分困难。

外部原因是高中生对于"四史"教育的规律、本质、内涵的认识不到位,因而导致学习主动性不强。有部分高中生认为"四史"教育的学习内容都是已经发生过的历史事实,感觉那些史实是写在纸上、说在口中、悬在半空、不接地气的,距离我们已经很遥远了,跟今天的生活没有太大的关系。这样他们虽然也不反对学习教师在课堂上讲授或者学校宣传的"四史"教育内容,但是课余时间自己去主动地开展学习就不太可能。

主动是与被动相对的,是指不依靠外力而能自行行动起来进行学习。学习的主动性一定是学生能够自愿地开展的有目的的学习。从上面的两方面原因分析可以看出,最主要的是高中生没有明确主动学习的学习目的。对于"四史"教育融入高中思想政治课,高中生学习目的要想明确,是需要所有教师和学校、社会、家庭等共同努力的。

第四章 "四史"教育融入高中
思想政治课的目标、原则

在"四史"教育融入高中思想政治课中,融入教育不应该是简单的加入问题,而应该是有目标、有原则的系统工程。目标引领行动,原则保障实践,只有这样才能正确回答如何将"四史"教育融入高中思想政治课中的问题。

第一节 "四史"教育融入高中
思想政治课的目标

"四史"教育融入高中思想政治课是一项系统工程,有了明确的目标,才能引导正确的行动。在课程融入过程中,一般涉及学生、教师两要素,不同层面的要素要达到的目标也是不一样的。

一、学生层面:塑造卓越品格

将"四史"教育融入高中思想政治课,是希望能够培养高中生卓越的品格,希望高中生能够成为担当民族复兴大任的时代新人,能够成为有理想、能吃苦、肯担当、敢奋斗的时代先锋,这是"四史"教育融入高中思想政治课所要达成的最重要的目标。

1. 强化政治认同

将"四史"教育融入高中思想政治课,首先要完成的第一个目标就是强化政治认同,这也是学生层面上要达成的最重要的目标之一。"四史"内容的融入,不是简单的讲历史,也不仅仅是让高中生了解更多的历史故事,而是在讲政治,高中思想政治课融入"四史"教育,目的是强化政治认同,这是政治课永远重要且摆在首要的目标。

在教育部制定的《普通高中思想政治课程标准》(2017年版2020年修订)中是这样描述高中生应该具有的政治认同的内容,那就是高中生要认同"走中国特色社会主义道路是历史的必然,坚信中国特色社会主义是国家富强、民族振兴、人民幸福的根本保障,坚定中国特色社会主义道路自信、理论自信、制度自信、文化自信"①。简单而言,也就是要求高中生能够坚定对中国共产党的认同,坚定对中国特色社会道路的认同,坚定对中国特色社会主义的认同。将"四史"教育融入高中思想政治课是实现这些政治认同的具体目标的有效途径。

比如在教学过程中融入中国共产党从成立之初的艰难探索,到领导全国各族人民实现人民解放的伟大历程,还可以融

---

① 中华人民共和国教育部制定.普通高中思想政治课程标准 2017 年版 2020 年修订[M].北京:人民教育出版社,2020.

入新中国成立以来,特别是改革开放以来,中国在经济建设、政治建设、文化建设、社会建设和生态文明建设取得的巨大成就,以及这些成就背后中国共产党坚持人民至上和努力奋斗的伟大精神,人民生活发生的巨大变化,都可以让学生深刻理解"中国共产党为什么能""马克思主义为什么行""中国特色社会主义为什么好"。这些史实也都生动展现中国特色社会主义制度的优越性和生命力,中国共产党的领导是中国特色社会主义制度的最大优势,帮助学生认识走中国特色社会主义道路是我们历史的必然的选择。这种深刻的历史理解,能够强化高中生的政治认同构建根基。

在融入过程中,鼓励学生走出课堂,多多参与社会实践,将高中思想政治课上学到的理论与"四史"教育结合起来,到现实生活去实践、去体验,理论结合实际、知行合一,将高中思想政治课的课程内容活动化,让学生能够从社会实践的参与历练中,感悟到思想理论的力量,将活动内容课程化,实现高中思想政治课程的基本理念。一般可以让高中生参加的活动有参观革命遗址、走访红色基地、访问先进榜样、参与社会实践、参加志愿服务等,这些理论与实践相结合的方式,实践及学习的体验都能够强化高中生的政治认同。

在新时代,科学技术和信息技术的普及,还可以通过创新教学方法来强化政治认同。比如在教学过程中采用多媒体、互联网、虚拟实验室、沉浸式体验馆等现代技术手段,使课堂生动有趣,激发高中生的学习兴趣和参与度,还可以利用影视资料、纪录片、在线课程等资源融入"四史"内容,学生能够直观感受历史情境,增强了学习的代入感和沉浸感,从而更能让高中生产生共情和同理心,强化了政治认同。

可以在班级或者学校举办一些活动,让高中生亲身参与其中,比如通过组织专题讨论、辩论赛、主题班会、模拟联合国等活动,引导学生围绕"四史"中的重大历史事件、重要人物和重要会议等进行模仿和交流,激发他们的活力,提升他们学习"四史"的效率、提高他们的自主辨析能力。还可以在班级中设计角色扮演、情景模拟、情景剧等活动,让学生在角色扮演中体验伟大人物的决策过程,以及中国共产党在重大历史事件中所做的努力和牺牲,加深对中国共产党领导的认同。这些活动都能够在班级或者学校营造政治认同的氛围,强化了学生的正确的思想政治方向。

总之,"四史"教育融入高中思想政治课,通过构建认同根基、增强认同体验、创新认同方法、营造认同氛围来有效强化高中生的政治认同,落实高中生的学科核心素养,为高中生的未来发展奠定坚实的思想基础。

2. 厚植爱国主义

爱国主义是高中思想政治课的课程目标之一,也是"四史"教育的核心目标之一。让高中生深入了解党史、新中国史、改革开放史、社会主义发展史,能够增强高中生对国家历史的认识和理解,从而激发他们的爱国情感,培养爱国情怀,厚植爱国主义。在高中思想政治课中融入"四史"教育,能够强化和培育这一目标。

首先,在高中思想政治课中融入"四史"教育,能够筑牢高中生的爱国主义的认知根基。在政治课这个特定的课堂上让高中生了解"四史",不仅仅是让高中生了解到中国从站起来、富起来到强起来的伟大飞跃,感受到国家在经济、科技、文化等方面的巨大进步,让高中生真切感受祖国的强大,更是要让高中生通过党史、新中国史、改革开放史、社会主义发展史这一部部生动鲜活的教学案例,感受国家从苦难走向辉煌的轨迹,知晓先辈们努力奋斗历程,助其明晰当下幸福生活的来之不易,这种认知有助于高中生建立起对国家发展的自豪感,增强民族自信心,激起爱国情感,从而打牢爱国主义的认知基础。

在这部分的教学案例的选择比较多,在相应的高中思想政治课的内容去融入"四史"的故事或者成果等,都能强化高中生对爱国主义的认知,比如在《中国特色社会主义》中的"中国特色社会主义的创立、发展和完善"这一节内容中,就可以融入改革开放史,以深圳特区设立为例,讲述一个小渔村蜕变成为国际大都市的历程,从政策破冰到允许外资进入,从土地拍卖创新到营商环境持续优化,前后状态和成果的对比都凸显着社会主义市场经济体制所激发出来的活力,诠释了国家敢为人先、锐意改革,让高中生明白制度优势对国家繁荣的支撑力,强化高中生的爱国经济认同。在《政治与法治》中的"中国共产党的领导"这一节中,可以讲述党史中的遵义会议,如何在危急关头确立毛泽东领导地位,扭转红军命运、挽救党与革命,凸显党的自我纠错、砥砺奋进能力。还可以讲述新中国史中的新中国成立后,党带领人民制定宪法、构建法治体系,保障人民当家作主,如"五四宪法"诞生凝聚各方智慧,彰显党对法治建设引领,筑牢对党的拥护、对国家政治认同根基。在《哲学与文化》中的"文化传承与创新"中从社会主义发展史的角度出发,讲述马克思主义中国化历程,从毛泽东思想到习近平新时代中国特色社会主义思想,是理论与本土文化、实践融合创新,像延安时期毛泽东对马克思主义活学活用指导抗战与建设,展现思想伟力。也可以从党史和新中国史中,讲述"延安文艺座谈会",中国共产党引导当时的文艺工作者,要扎根人民、服务抗战,产出了很多革命文艺如《白毛女》等经典,既传承了民族文化,又给这些文化赋予了革命精神的内涵,实现了文化表达的创新和创造,实现了红色文化基因的赓续,强化了高中生对于文化传承使命认知与爱国情怀。新中国成立后"双百方针",说明了中国共产党对文化航向的把控,让高中生感知文化与国家命运关联,珍视民族文化血脉,筑牢爱国文化根基。接着从改革开放史的视角里,感知随着国门打开,国外文化涌入,我国对于外来文化要"取其精华、去其糟粕"、本土文化要"走出去"的态度,让我们的本土文化如武术、京剧等在国外受到热捧,国产的一些优秀的影视剧在海外热映,孔子学院在全球的布局,鲁班工坊在海外广受好评,等等,这些现象充分彰显了中华优秀传统文化的魅力,唤起高中生文化自豪,升华爱国文化情怀,继而形成文化自信,铸牢认知基础。

其次,在高中思想政治课中融入"四史"教育,能够筑牢高中生的爱国主义的情感根基。丰富且波澜壮阔的"四史",让高中生认识国家今天的强大,是多少先辈们怀揣对人民的爱、对祖国的爱才不惜抛头颅洒热血换来的饱含了多少仁人志士的热血奉献,这些史实能激荡高中生内心,使其与先辈共情、与祖国同情,激发高中生从心底的对祖国的认同感、归属感和自豪感,将爱国之情能够深植心间。在高中思想政治课中融入"四史"教育,将课程目标和"四史"教育相结合,让"四史"教育成为课程教学的"燃料",成为点燃与升华高中生爱国主义情感的"火种",从根源处滋养高中生的爱国情感,筑牢高中生的情感基础。

从情感维度来融入,融入的内容选择很多,融入的方式方法很多,可以是课堂理论课的讲授融入,也可以是实践教学中融入。比如中国共产党的发展历程的一些历史事件,红军长征、抗日战争、解放战争等,结合课堂教学,"理论+案例"的模式,充分的阐述,让高中生深刻理解"中国共产党的领导是历史和人民的选择"这一道理。也可以选用新中国史的新中国成立以来的重大成就,如两弹一星、载人航天、脱贫攻坚等,作为课本知识的理论注脚,这些让全世界都为之侧目的伟大成就,让高中生感受国家的发展、进步和强大。还可以从改革开放史中结合课本教材内容选用部分事实,分析改革开放政策的实施和效果,前后的对比,让高中生深刻理解改革开放是决定当代中国命运的关键一招，所以高中生就很容易理解我国在党的十八届三中全会明确提出的全面深化改革的总目标、党的二十届三中全会提出的进一步全面深化改革的总目标这样的国策，从心底认同"改革开放是党和人民事业大踏步赶上时代的重要法宝"①这一重要论断。更可将课本内容结合社会主义发展史，让高中生了解社会主义从空想到科学、从理论到实践的发展过程，从而充分感受到社会主义制度的优越性，增强对中国特色社会主义制度的自信。

　　例如，在《生活与哲学》中的"唯物史观"内容的教学时，可以结合淮北本地的红色资源，回顾淮海战役是"小推车推出来的胜利"，用视频来展现数百万支前群众自发为解放军送物资、运伤员的震撼人心场景，同时出示在淮海战役总前委旧址临涣文昌宫中的一件件文物的图片，详细讲解淮海战役的历史背景、战斗过程，以及人民在此发挥的重要作用，展现人民对党的拥护、对新中国解放事业的热忱，理解了"人民群众创造历史"的观点，强调个体投身集体、服务国家从而形成伟大的爱国主义力量，让高中生从史论结合的过程中领悟到人民的爱国情感是推动国家前行的"凝聚力"和"向心力"②，深化爱国认知，筑牢情感基石。

---

① 中共中央.坚定不移高举改革开放旗帜、紧紧围绕推进中国式现代化进一步全面深化改革——中共中央举行新闻发布会解读党的二十届三中全会精神[EB/OL]. https://www.gov.cn/zhengce/202407/content_6963571.htm, 2024.
② 唐育智，王鑫宏.论高中思想政治课的"四史"教育融入[J].河南科技学院学报,2022，42(8).

还比如在《政治生活》中讲授我国政党制度时，可以结合党史和新中国史，授课过程中融入各阶段多党合作共同抗敌、共商国是的内容，充分彰显我国的政党制度凝聚的爱国合力的独特优势，强化高中生对中国共产党、对中国特色社会主义制度的认同感，催生爱国情感。

还比如在高中思想政治课的教学实践活动中，鼓励高中生走出教室、走出校园、走进社区，进行课外教学实践，实践安排可以为"四史"教育的融入安排不同的场所，提供多元"触点"，激发高中生的爱国情感。如可以组织红色研学之旅，重走长征路等，让高中生亲身体验革命先辈们的艰苦环境，感悟革命先辈为理想、为国家的无私付出，感悟先辈们在行动中所展现出的爱国情怀、无私奉献、坚韧不拔等品质，这些活动让高中生的情感得到净化和升华，敬畏与热爱之情满溢心间，感动和敬仰之情激荡心间。如可以让高中生到社区参加"四史"宣讲志愿服务活动，高中生在讲述"四史"故事时，自身的情感也能得到二次升华，传播爱国情同时也强化自身的认同情感，全方位厚植、筑牢爱国主义情感根基。

最后，在高中思想政治课中融入"四史"教育，能够强化高中生的爱国情、强国志。高中思想政治课与"四史"教育的终极目标都是要激发高中生的爱国情感，坚定强国信念。通过高中思想政治课中融入"四史"内容，让高中生能够深入了解"四史"的丰富内涵。

如党史铭记中国共产党的奋斗历程，从红船启航，历经革命烽火、建设探索,凝聚全党上下的艰苦卓绝的奋斗和巨大牺牲;新中国史展现了我国的建设成就,以 1949 年新中国成立为起点,国家在各领域同步开拓,见证了我国从站起来、富起来到强起来的辉煌的成长历程;改革开放史则侧重展现国家的革新突破的艰苦历程,自 1978 年十一届三中全会的破局开始,一路探索,以无畏勇气破旧制、开新局,创新求变到绽放蓬勃生机活力的过程,凸显党的高瞻远瞩和掌舵领航的本领,驱动巨轮带领中国破浪前行;而社会主义发展史是时间跨度最大的历史,社会主义五百多年发展的历程宛如一部恢宏长卷,从空想社会主义到科学社会主义,在多国实践中的跌宕铺展和多元探索,包括中国在内的许多国家的发展过程和实践现状,都表明社会主义理论与实践的勃勃生机,无不彰显了理论的磅礴伟力。

这些知识的融入能够让高中生更加明确自己的责任和使命,激发起为国家富强、民族复兴、人民幸福而努力奋斗的强烈愿望。这种爱国情和强国志是推动高中生努力学习、积极进取的强大动力,也是他们将来愿意为国家和社会及人民作出贡献的精神支柱,在新的时代浪潮中,他们将凭此逐梦扬帆,继承先辈精神,矢志不渝,赓续荣光。

综上所述,高中思想政治课中融入"四史"教育,能够让高中生铸牢爱国认知基础,激发爱国情感、强化爱国情和强国志。在融入过程中培育、滋养爱国情感,点滴积累、悉心守护,让高中生的爱国主义情怀在心田慢慢生根发芽、茁壮成长,从而厚植爱国主义,这对于培养具有爱国情怀的社会主义合格的建设者和接班人具有重要意义。

3. 坚定理想信念

高中思想政治课融入"四史"教育的第二个目标就是要高中生能够坚定理想信念,这是我们在融入过程中不能忘却的教育目标。高中思想政治课融入"四史"教育,旨在通过融入,培养高中生的政治认同、坚定理想信念、增强"四个自信",引导高中生树立正确的世界观、人生观和价值观,为成为未来社会的"国家脊梁"打下坚实基础。

一方面,高中思想政治课融入"四史"教育,要着重帮助高中生树立正确的理想。在理论层面,高中思想政治课是以培育社会主义核心价值观为目的,帮助高中生确立正确的政治方向、提高思想政治学科核心素养①。"四史"教育与高中思想政治课的知识体系具有高度契合性,都是以习近平新时代中国特色社会主义思想铸魂育人,帮助高中生夯实理想信念根基②。通过"四史"的深度融入,高中生可以深刻理解"中国共产党为什么能""马克思主义为什么行""中国特色社会主义"为什么好等基本道理,加深对党的历史的理解和把握,加强对党的理论的理解和认识,从而筑牢理想根基,树立正确的

---

① 中华人民共和国教育部制定.普通高中思想政治课程标准 2017 年版 2020 年修订[M].北京:人民教育出版社,2020.

② 唐育智,王鑫宏.论高中思想政治课的"四史"教育融入[J].河南科技学院学报,2022,42(8).

理想,这也是在融入教学过程中要着重引导的目标。

比如在《政治与法治》中的"坚持人民民主专政"教学过程中,可以设计以"抗美援朝,保家卫国"为总议题的教学活动①。通过三个分议题:抗美援朝的原因、意义以及对今天的启示,引导高中生深入讨论。这种教学设计不仅让高中生能够深刻理解抗美援朝的历史背景和意义,教学过程还着重引导高中生思考如何将抗美援朝精神应用到今天的国家安全维护中,从而增强高中生对国家历史和现实的认同感,从而催生个人的理想。

比如讲解《生活与哲学》中阐述唯物史观人民主体论的时候,结合"四史"内容,回顾人民在革命、建设、改革各阶段的力量汇聚,像小岗村农民首创"大包干"推动农业变革等事迹,揭示个人只有与祖国同在、与人民同行,才能实现其社会价值、实现人生的意义,领悟只有服务社会、奉献人民,人生价值才能得以实现,引导高中生要树立扎根人民、服务大众的理想,在理论滋养下校准理想坐标。

另一方面,高中思想政治课融入"四史"教育,要帮助高中生强化践行思想。理想树立不是根本,根本还在于用行动来实现理想,眼高手低或者"思想上的巨人、行动上的矮子"都不是合格的社会主义接班人和建设者。

《普通高中思想政治课课程标准(2017 年版 2020 年修

---

① 陈怡.把"四史"教育融入高中思想政治课教学的探索[J].高考,2021,(10).

订)》课程结构的设计依据,其中有一条是"促进知行合一,凸显活动型学科课程的实践性和参与性"①,教育部办公厅发布《关于在思政课中加强以党史教育为重点的"四史"教育的通知》中也强调"教育引导高中生弄清楚当今中国所处的历史方位和自己所应担负的历史责任,……增强听党话、跟党走的思想和行动自觉"②,显然高中思想政治课融入"四史"教育的其中核心思想是要帮助高中生强化践行思想,将理想落实到具体的行动去,从思想自觉转化到行动自觉,也就是要帮助高中生加强信念的培养。

高中生年龄小,人生阅历不足,他们的信念同理想一样,都需要引导和强化,都需要通过外在的学习、生活等过程来培养和强化他们的信念。信念是人们在一定的认识基础上确立的对某种思想或事物坚信不疑并身体力行的精神状态。③所以从信念的内涵就可以看出培养高中生的信念的步骤,首先要让高中生对于他们的理想是清楚认知的,是坚信不疑的,然后才能身体力行、知行合一的。信念一旦形成,也是不会轻易改变的,它为高中生坚持不懈去追寻自己的理想提供了强大的精神动力。

---

① 中华人民共和国教育部制定.普通高中思想政治课程标准2017年版2020年修订[M].北京:人民教育出版社,2020.

② 教育部办公厅.教育部办公厅关于在思政课中加强以党史教育为重点的"四史"教育的通知[EB/OL]. http://www.moe.gov.cn/srcsite/A13/moe_772/202105/t20210511_530840.html,2021.

③ 本书编写组.思想道德与法治(2023年版)[M].北京:高等教育出版社,2023.

从以上的分析中可以看出,要提升高中生对于所认知的思想的信任度,强化高中生的认知,高中思想政治课融入"四史"教育,通过课程教学中的史论结合方式,是一种很好的强化手段。史论结合,从史实出发,阐明理论观点,说服力是毋庸置疑的,从而让高中生从认知、情感和意志上达到了有机统一,继而形成信念,外在体现为践行理想,做到知行合一。

在高中思想政治课中,有一些理论性比较强的内容融入"四史"内容,实行史论结合的教学方式,能达到这一目标。如在《文化生活》中的"弘扬和培育民族精神"的教学时,可以融入"两弹一星"先辈们的事迹,钱学森、邓稼先等大批科学家冲破重重阻碍坚决回国,隐姓埋名一辈子扎根戈壁荒漠,在艰苦条件下攻克核弹、导弹技术难关,为我国的防御系统披上了强大的"外衣"。"两弹一星"精神诠释的是爱国、奋斗、奉献等民族精神内核,高中生能从中受到感染,从而坚定自己的理想信念,为国奉献,为强国添砖加瓦。

比如《政治生活》的"中国共产党的领导"这部分内容学习的时候,可以融入脱贫攻坚这段波澜壮阔的历史,数百万党员干部响应党和国家的号召,奔赴贫困地区,特别举例说明"时代楷模"黄文秀的事迹,黄文秀从繁华都市回到家乡广西百色,扎根深山,挨家走访、谋划产业,带领乡亲脱贫。脱贫攻坚中无数个"黄文秀"组成了战斗堡垒,历经八年,实现近一亿的农村贫困人口全部脱贫,这一伟大实践和成就彰显了中国共产党以人民为中心、强大的攻坚克难和领导力,充分展现了中国共产党领导和社会主义制度的显著优势,增强了全党全国各族人民的凝聚力、向心力①,用这样的史实来阐明中国共产党是中国特色社会主义事业领导核心,秉持全心全意为人民服务宗旨,具有强大领导力、凝聚力与战斗力这一论断。这样的充分的史论结合的教学过程让高中生从心底拥护党的领导,愿意听党话、跟党走,树立服务人民、奉献社会的理想,坚定将个人的理想信念同国家的发展联系在一起。

还比如在《政治与法治》的"历史和人民的选择"课程教学中,可以把自鸦片战争以来的"义和团运动""太平天国运动""辛亥革命""新民主主义革命"中较为典型的事件融入教学中②,可以在课堂上播放相关的视频资料,运用多媒体技术,让高中生直观了解事件的发生过程,同时给高中生讲解有关知识,这些真实发生在国家和人民身上的历史事件,让高中生更坚定了要强国富民的决心,坚定了理想信念。

再比如《生活与哲学》中"价值的判断与选择"这一课,可以融入改革开放史中的农业生产责任制的故事,改革开放初期,小岗村 18 户农民冒着巨大风险实行"大包干",打破旧有的公社体制束缚,是基于对想要吃饱饭、改善生活的迫切需求而作出的勇敢的价值判断,它契合农村生产力发展的规律,从此拉开了中国农村改革序幕,用事实阐述理论:价值判断和选

---

① 刘永富.脱贫攻坚的重大成就及其意义[N].人民政协报,2024-01-25(2).
② 胡琪鹍.新时代高中思想政治课培养学生理想信念的探析[J].法制博览,2020,(18).

择是受社会历史性制约的,要站在人民立场,遵循社会发展规律作正确抉择。在教学中要让高中生明白个人的理想信念要立足时代、顺应规律,要树立正确的理想,要在践行服务大众、为国家进步中实现理想。

总之,高中思想政治课融入"四史"教育,要让高中生坚定理想信念,关键在于引导高中生深刻理解中国特色社会主义道路、理论、制度、文化的科学性和优越性,增强"四个自信",通过史论结合的教学方式,让高中生在历史与现实的对话中,感悟真理的力量,明确自身肩负的历史使命,立志为实现中华民族伟大复兴的中国梦贡献力量。

4. 强化责任担当

高中思想政治课融入"四史"教育,还需要强化高中生的责任担当,这也是融入教育要完成的目标之一。对于高中生而言,责任有两种,一是社会责任,二是历史责任,这两种责任都需要高中生去担当,都是希望通过高中思想政治课课程本身和融入教育来培养和强化。

一是培养高中生的社会责任意识。高中思想政治课的四个学科核心素养,其中有一个是公共参与,而对于这一核心素养的解释就是高中生"有序参与公共事务,勇于承担社会责任"①。高中生作为社会的一员,虽然尚未完全步入社会,但他们已经开始承担起一定的社会责任。基于高中思想政治课程有着明

---

① 中华人民共和国教育部制定.普通高中思想政治课程标准 2017 年版 2020 年修订[M].北京:人民教育出版社,2020.

确且多元的课程目标,"四史"教育目的与之高度契合的,都是希望高中生成长为有担当、具素养、明方向的未来社会主义的接班人,所以从高中生自身角色或成长阶段的经历过程来看,需要承担的社会责任主要源于四个维度:自我维度、家庭维度、社会维度和国家维度①,下面我们逐一分析这些维度下面还具体包含哪些社会责任。

(1) 自我维度:包括学习责任与健康生活两个具体的责任。

学习责任无疑是高中生在高中教育阶段,成长与发展的关键要素,包括学习与自我提升,它承载着丰富而深远的价值内涵。对于高中生而言,学习不仅是当前最为根本和紧迫的使命,更是他们探索知识、追求真理的一件"利器"。在这一阶段,高中生以一种探索求知的心态,全身心投入到学业之中。他们需认真完成课程学习,积极参与课外拓展活动,深入挖掘学科的精髓,锤炼自身的综合素养。这不仅是为个人未来的职业生涯铺设坚实的基石,更是实现自我提升、追求人生价值的重要途径。通过知识的积累与能力的进阶,高中生展现了对自身成长负责的直接体现。

履行学习责任,对于高中生来说,是个人成长的基石,也是他们作为社会成员的义务。通过不断地学习和自我提升,他们为将来成为社会的栋梁之才累积底蕴。在这个过程中,他们不光积累了知识,也实现了能力的飞跃,为个人的成长和

---

① 张建兴,肖璐.高一学生社会责任感提升策略研究[J].淮南师范学院学报,2018,20(6).

国家的发展贡献了自己的力量。这样的学习过程,是高中生成长道路上的宝贵财富,也是他们成为具有包容性和全球视野的公民的重要一步,也是他们需要承担的社会责任。

健康生活一般指的是保持健康的生活方式,如合理饮食、适量运动,是对社会负责的表现。在高中思想政治课程和"四史"教育中,我们都强调健全人格的塑造,其中对健康身心的重视是一个重要的导向。受此启发,高中生应当承担起健康管理的责任,主动培养规律的作息习惯、合理的饮食习惯和适度的运动习惯。这样的健康生活方式不仅对个人有益,也是对社会负责任的体现。通过增强身体素质和自律意志,高中生能够规避健康风险,确保自己能够以最佳状态应对学业挑战和未来的生活,为个人的长远发展提供持续的动力。

(2)家庭维度:包括遵守家庭内的道德规范、家务分担、文化传承等。

在高中思想政治课程和"四史"教育中,强调培养高中生的家庭美德和责任担当,所以融入教育的目标也包含此。一般而言,从家庭维度来分析,高中生可以承担以下这些责任:

一是遵守道德规范,稳固家庭价值内核。社会认可的道德准则和公序良俗同样在家中也是适用,它为高中生在家庭中的行为定好方向。诚信上,答应家人之事必须认真,确保承诺兑现,以此维系家人信任;尊重长辈体现于日常礼貌交流,耐心聆听长辈意见,敬重传统文化;面对家庭成员求助,积极协助,发挥知识优势,如帮助弟妹解决课业难题等;家庭决策上,高中生基于自身认知积极参与,尊重他人的意见,对传承优良家风有强烈的责任感①,强化家庭的精神纽带,形成和谐家庭氛围,这对个人、社会乃至国家都是非常有益的。

二是参与家务劳动,培养生活担当素养。在家庭生活中,高中生通过参与家务劳动,不仅能够培养自己的生活担当素养,还能在实践中学会责任与感恩。洗碗、扫地等日常家务,虽看似微不足道,却是家庭运转不可或缺的一部分。当高中生主动承担起这些任务,他们实际上是在为父母分担辛劳,减轻家庭负担,这种行动上的分担,是对他们成长过程中家庭责任的直接体现。在承担家务的过程中,高中生能够体会到劳动的不易,这种体验有助于他们培养良好的生活习惯和自理能力。当他们的努力得到家人的认可和赞赏时,内心的感恩与奉献意识便会随之萌生。这种积极的情感反馈,不仅能够拉近家庭成员之间的情感距离,还能增强家庭的凝聚力,营造出一个温馨和谐的家庭氛围。

三是传承文化根脉,筑牢家庭文化自信。在家庭中,高中生可以成为传承家族技艺、家训故事的积极分子。他们可以通过记录家族历史、整理家族故事、参与家族活动等方式②,

---

① 李志轩.关于如何引导学生"责任担当"的有效实践与理论思考[J].教育研究,2021,8(16).

② 王梦如.中华优秀传统文化融入高中思想政治课状况研究——基于人教版新编高中政治教材的分析[J].社会科学前沿,2023,12(7).

还可以在传统节日和家族纪念活动中积极参与，将家族的优良传统和文化传递给下一代。这种传承不仅是对家族历史的尊重，也是对家族文化的自信和骄傲，增强了家族凝聚力。同时，高中生在家庭中扮演着桥梁的角色，他们可以将学校中学到的知识和价值观与家庭文化相结合，促进家庭文化的多元发展。通过参与家庭活动、讨论家庭事务，高中生能够增强家庭成员之间的沟通和理解，共同守护家庭与社会的文化根基。在全球化的背景下，高中生的文化自信对于维护民族文化的独特性和多样性至关重要。他们通过学习和传承，能够更好地理解和尊重不同文化，促进文化交流与融合，为构建开放包容的社会文化环境贡献力量。这样的文化传承和自信，将为高中生的未来社会生活奠定坚实的基础，使他们成为具有国际视野和文化自信的现代公民。

（3）社会维度：主要有遵守法律法规、志愿服务、环境保护、公共参与四个方面的责任。

遵守法律法规，对于高中生的重要性不仅体现在对国家法律的尊重，也是其成长为合格公民的基本责任。一般而言，高中生在以下这些方面要着重承担起来：遵守校园纪律方面，高中生应严格遵守学校的规章制度，如按时到校、专心听讲、勤于思考、认真完成作业[1]。这些基本的校园纪律是遵守法律法规的具体表现，有助于培养高中生的自律意识和责任

---

[1]　教育部.中小学生守则（2015 年修订）[M].北京：人民出版社,2015.

感;维护公共秩序方面,在公共场所,高中生应尊重公共秩序,不大声喧哗、不随意插队,展现出良好的公民素质。这不仅维护了社会秩序,也是对法律精神的尊重;参与社区服务方面,高中生应积极参与社区组织的公益活动,为社区建设贡献力量,与邻居友好交往,互相尊重、互相帮助,共同维护社区秩序,通过这些活动,高中生能够提高社会责任感,同时也是对法律法规中关于公民参与社会事务的要求的积极响应;维护网络文明方面,在网络空间里,高中生应自觉维护网络安全,建设网络文明,不浏览不良信息,不沉迷于网络游戏,健康上网,这不仅是对法律法规的遵守,也是对个人健康成长的保障;学习与应用法律知识方面,高中生应掌握基本的法律知识,如宪法基础、未成年人保护法等,通过实践活动如模拟法庭活动、社区服务项目等,增强对法律知识的理解和应用,这有助于高中生在实践中提高法律意识,成为遵纪守法的公民。通过这些实践活动,高中生不仅能够更好地理解和遵守法律法规,还能够在实践中培养出对社会有益的行为习惯和公民素质,为成为合格的社会成员打下坚实的基础。

在高中思想政治课要求及"四史"教育浸润下,志愿服务成为高中生成长必修课。高中生投身社区服务,恰是承担社会责任、锤炼品格的生动实践,关联紧密且意义深远。在社区管理中,比如协助出墙报、普法宣传等,或者在清洁楼道、拾捡垃圾、清理绿化带,不仅能提升环境卫生,而且也让高中生强化了环保与责任意识,充分认识到"环境靠大家"。比如在敬老院中服务老人时,帮工作人员做一些力所能及的事情,陪老人唠嗑、读报、搀扶散步,给予老人关怀,能够体悟到助人的快乐。高中生还可以在社区开展读书互助活动,不仅锻炼了自己的辅导能力,还重温了知识,打牢基础。像庐山社区"社区卫生我参与 绿色家园我助力"活动的开展,就有助于青少年的实践成长,在实践中感悟了责任,坚定了担当。还可以开展募捐活动、周末假日清扫街巷等等志愿服务,高中生能够借此深入真实的生活,实现课堂理论与社会实践结合,既能为社区添光彩,也为自身的未来奠定基础,责任担当扎根心间。

高中生要具有环境保护意识,参与环保活动,如垃圾分类、节能减排,保护环境是每个公民的责任。在当前的全球环境情况下,高中生要肩负起环境保护的时代重任,意义非凡且刻不容缓。从高中思想政治课要求来看,核心素养强调公民责任与担当,而保护环境作为基本义务,深植于课程理念之中。高中生要积极践行各种环保行动,是对所学理论的鲜活实践。在校园里,要主动参与垃圾分类工作,细致甄别可回收、有害及其他垃圾,努力优化校园垃圾处理流程,助力资源回收再利用[1];在日常生活中,要倡导节能减排,像随手关灯、拧紧水龙头、少用一次性消耗品等随手可做的小事,倡导绿色

---

① 杜卓恒,张皓兮,杨幸雨,陈笑怡.重庆市中学生生活垃圾分类现状调查研究[J].可持续发展,2022,12(4).

出行,减少能源消耗与碳排放①。在高中思想政治课程中融入"四史"教育则为环保意识注入深沉历史动力。回顾过往,工业发展带来生态破坏警示犹在,先辈们在艰苦建设中对绿水青山的坚守,都激励着高中生要传承环保精神。

高中思想政治课着重培育公民意识,引导高中生明晰自身于社会运转中的角色与责任。高中生要在能力范围内积极参与公共事务的讨论和决策,便是将理论落地为实践的关键路径②。以学校组织的高中生校园实践活动比赛为例,比赛环节中,每个高中生阐述他们组的施政理念、规划活动蓝图等,这一环节就促使他们赛前要深入同学们当中去调研他们的需求,思考校园发展的短板,模拟社会治理的场景,在这个过程中强化了他们的责任担当。在高中思想政治课的教学中融入"四史",则能更明确这个目标。回溯"四史",无论是新民主主义革命时期民众为了早日解放,踊跃地支前、积极建言献策,还是新中国建设中各界力量群策群力共克时艰,无不彰显了集体智慧、公众参与的磅礴伟力③。高中生能从融入教育中汲取了充足的精神给养,在校园公共事务里,也能积极参加、充分发挥个人才智,夯实了公民素养的基础,为未来融入社会、推动发展筑牢根基。

① 秦精俏.探析高中生如何做好节能环保工作[J].新教育时代(电子杂志),2015(11):1.

② 徐静静.高中思想政治课公民意识培养研究[D].南京师范大学,2024.

③ 陶雪松,忻平.深刻理解和认识"四史"学习教育的重要意义[J].上海党史与党建,2020,7.

（4）国家维度：主要有遵守社会公德和培养国际视野这两者的社会责任。

在高中阶段，遵守社会公德既是高中生个人素养的直观体现，更是契合高中思想政治课要求与"四史"教育内涵的必然之举。高中思想政治课着重塑造高中生正确价值观与道德观念，社会公德作为维系社会和谐运转的基本准则，贯穿课程始终。从诚实守信层面看，高中生可以做到考试不作弊、答应之事必践诺，在校园日常生活点滴中筑牢诚信的根基，如同搭建稳固道德大厦的基石；在爱护公共财物方面，珍惜教室里的一桌一椅、校园内的一草一木，从行动中彰显对公共资源的珍视，折射高中生的责任意识。回顾"四史"，革命先辈们严守纪律、关爱群众、无私奉献，为求民族独立解放、国家繁荣富强，舍生忘死亦坚守道德底线①，都可以融入课程教学中。这样融入的目标，就是希望可以激励高中生在社会生活中践行公德，比如在公交上主动让座、公共场所不大声喧哗维护秩序等，以先辈为楷模，将公德内化于心、外化于行，助力社会文明风尚传承与弘扬。

在当今时代，培养高中生的国际视野具有深远意义，且与高中思想政治课要求及"四史"教育的目的紧密相连。所以这也是需要培养学生的社会责任之一。高中思想政治课立足时代脉搏，强调高中生要胸怀天下，明晰在全球化浪潮里个体与

---

① 金民卿.中华民族伟大复兴视野下的新民主主义革命史研究——中国近代史"三大体系"建设笔谈[J].近代史研究,2022(4).

世界的关联,洞察国际格局风云变幻。在经济全球化板块,引导高中生理解各国产业链协同合作,领悟国际经贸往来背后互利共赢本质,为其国际视野奠基。而"四史"教育,从近代中国的那段屈辱史中明白了闭关锁国的危害,导致近代中国落后挨打的局面,同时对比新中国成立后改革开放的政策是改变中国的关键一招,这一路的历程都充分说明了开放与交流的重要性。所以融入教育中,要多引导高中生明白只有多交流才能有发展,在教学中让高中生感受多元价值观,多用国际视野看待问题、解决问题,理解国际责任,为世界的发展贡献青春力量。

二是增强高中生的历史责任感。教育部办公厅《关于在思政课中加强以党史教育为重点的"四史"教育的通知》中强调,"教育引导学生弄清楚当今中国所处的历史方位和自己所应担负的历史责任,深刻理解中华民族从站起来、富起来到强起来的历史逻辑、理论逻辑和实践逻辑,增强听党话、跟党走的思想和行动自觉"。[①]历史责任是指个人或集体在特定历史时期和社会发展阶段所承担的义务和责任,它涉及对历史进程的认识、对现实问题的态度及对未来发展的担当。毕竟高中生"只有懂得历史,才能更好地把握当代中国发展的正确方向,才能深刻理解当代中国发展的历史使命,才能真正明晰自

---

① 教育部.关于在思政课中加强以党史教育为重点的"四史"教育的通知[EB/OL]. http://www.moe.gov.cn/srcsite/A13/moe_772/202105/t20210511_530840.html, 2021.

己所肩负的历史责任"①。高中思想政治课融入"四史"教育,就是在教育过程中让高中生理解和认识到个人或集体在特定历史时期和社会发展阶段所承担的义务和责任的重要性。融入"四史"内容,如同为课堂注入了鲜活且厚重的历史养分,高中生能够更好地理解历史,明确自己的历史责任,并在实践中承担起这些责任。

通过对以上这些方面的分析,明确了高中生的社会责任和历史责任,通过思想政治课堂融入"四史"的内容,强化高中生的责任担当精神,让高中生可以逐步培养成为负责任的公民,为个人成长、家庭和谐、社会发展和国家繁荣乃至世界发展贡献自己的力量。

5. 培养历史思维

对高中生的历史思维的培养,又是高中思想政治课与"四史"教育不谋而合的教育目标之一。高中思想政治课旨在培养高中生的历史思维能力,它包括历史形象思维能力、历史抽象思维能力和历史创造性思维能力这三种能力②。

历史形象思维能力指的是在脑海中构建历史场景、人物形象和事件过程的能力③。通过具体的历史细节和形象,高

---

① 张智."四史"教育:新时代爱国主义教育的必修课[J].社会主义核心价值观研究,2021,7(3).

② 谢艺明.史料教学中发展高中生历史思维能力研究[D].福建师范大学,2003.

③ 付丽岫.高中学生历史形象思维和创造性思维能力的培养策略[J].政史地教学,2022(27).

中生可以更直观地感受历史情境,理解历史事件的背景和影响。例如,通过想象抗美援朝战争时我军与敌军的武器装备对比以及环境的恶劣,高中生可以更深刻地理解战争的残酷性和这场战争的意义和这场战争胜利对我国的重要性。

历史抽象思维能力涉及从具体的历史事实中提炼出普遍规律和原则,进行概念化和理论化的提炼过程。高中生需要把握历史事件之间的联系,理解历史发展的内在逻辑,以及能够分析不同历史时期和文化背景下的共性与差异。例如,高中生通过分析不同文明的兴衰,可以整理出来一些影响社会发展的普遍因素,如政治制度、经济基础、科技进步等,从而上升到社会发展的一些普遍规律。

历史创造性思维能力则是鼓励高中生在已有的历史知识基础上,进行创新性的思考和探索。高中生不仅要理解和记住历史事实,还要能够提出新的问题、构建新的解释,甚至对历史事件进行假设性推演。例如,高中生可以思考如果某个历史事件的结果不同,会对后续历史产生怎样的影响,在这种影响下,社会又可能怎样发展。

综合这三种思维能力,高中生能够全面、深入地理解历史,形成对历史事件和人物的多维度认识。这种历史意识不仅包括对过去事件的了解,还包括对历史发展趋势的洞察,以及对历史与现实联系的理解。通过培养这些能力,高中生可以更好地从历史中汲取经验,为解决现实问题和应对未来挑战提供思维助力。

　　高中思想政治课培养高中生的历史思维能力,需要从培养高中生的唯物史观、时空观念、史料实证、历史解释和家国情怀等方面入手,达到培养目的,而融入"四史"教育,则让这份培养使命更具深度与立体。

　　从唯物史观出发,融入"四史"内容可以帮助高中生全面了解历史事实和发展脉络,把握历史规律,形成科学的历史认知观,从而更好地厘清历史脉络,洞察历史真相,汲取历史经验,看清和把握历史大势。"四史"教育的融入,使高中生可以深刻理解中华民族从站起来、富起来到强起来的历史逻辑,增强高中生的"听党话、跟党走"的思想自觉和行动自觉,从而树立正确的历史观。比如教学中融入党史,通过了解早期共产党人在旧中国那样一个经济凋敝、政治腐朽、民不聊生的背景下,能够立足生产力与生产关系矛盾,上下求索积极探寻救国的新路,昭示了"人民群众创造历史"这一论断。高中生能借此领悟社会变革的实践逻辑,明白个人置身于时代浪潮中,必须依托社会集体奋进。

　　时空观念在"四史"融入下能够愈发立体鲜活。高中思想政治课要求高中生明白特定的史事是与特定的时间和空间相联系的,并且能够按照时间顺序和空间要素,建构历史事件、历史人物、历史现象之间的相互关联,并在不同的时空框架下对史事能够作出准确解释。"四史"的编写逻辑基本上都是按照时间维度和空间维度来展开的,既能让高中生对历史事件、历史任务和历史现象的关联了解得特别清楚,理解得特别透彻,又能对背后的意义和不同时空下的不同做法充分理解,对培养高中生的时空观念有很好的辅助作用,有了"四史"教育的融入,高中生更能鲜活立体地理解教材内容,更能将高中生时空观念的培育隐在点点滴滴中,育人于无形。比如在新中国史,历史过程如一幅宏大卷轴,依时间延展,从开国大典的新生,到如今科技腾飞、综合国力跃升;于空间维度,从沿海开放前沿到西部崛起,各地协同发展。高中生能借此确定历史坐标,理解不同阶段政策由于因地制宜而发生的变化,感受时代脉搏带动的国家、民族、社会跳动的节奏,把握发展的连贯性与阶段性。

史料实证则借助"四史"融入更加具象。"四史"都是历史上真实发生的事实,从这些历史事实中提炼融入的都是真实的史料,在高中思想政治课融入的"四史"内容,就是借助"四史"内容的真实性,借助史实来论证教材内容的理论知识,史料实证是"四史"教育融入教学的最独特、最有用的作用。理论借史实具象化,史实借理论得以升华、提炼,变成可以学习和继承的经验和心得,这是史料实证的魅力所在。教学中融入比如档案文献、革命文物、亲历者口述过程,像泛黄的会议记录见证党的关键决策,老兵回忆战场热血的历程等这些"四史"鲜活史料,高中生接触这些一手材料,分析解读和理解掌握,就能突破书本局限,构建真实的理论认知,为正确的观点筑牢根基,就不会被不实传言误导或者错误的思潮影响,能够在遇到问题时利用严谨考证的态度接近事实本真,从而达到了教育的目的。通过"四史"教育的融入,高中生可以在教学过程中深刻感悟中国共产党始终不渝为人民的初心使命,从中国共产党百年来风雨历程深刻理解"以人民为中心""为了人民的一切,一切为了人民"的理念,赓续红色基因,传承伟大精神。

历史解释因为"四史"教育的融入更加厚重多元。高中生应能够对历史事件进行解释,包括对历史资料的分析、综合、归纳,形成准确的历史概念和正确的历史意识①。在高中思想政治课中,需要学生理解一些国家大政方针和政策,而融入"四史"相关内容后,能够让高中生对此容易从历史角度给出相关联的背景意义,从而正确把握这些知识。比如融入改革开放史,一些国家政策出台的背后,有国内外复杂的政治因素,都可以给出历史解释。再比如从农村"大包干"到沿海特区设立,政治、经济、观念上的革新交织,高中生深挖因果,洞察历史复杂性,锤炼了自己的批判性思维,同时通过对比不同的诠释,于多视角去解读,从中汲取经验智慧,并能够拓展延伸、发散思维,对比目前的社会局势,形成对当前社会的时代价值。

家国情怀更是因为"四史"教育的融入将情感落到实处。在融入教育中,家国情怀不仅仅是中国人民家国一体的情感共识,更是中华民族共同体面对一切艰难险阻都能继续前行

---

① 张丹.高中生历史思维能力培养初探[D].东北师范大学,2024.

的强大的精神支柱。家国情怀的课程培养过程融入"四史"教育,不仅仅是对高中生进行历史的回顾,更是对其现实的反映,让高中生明白在不同的时期有不同的内涵、有不同的话语表达、有不同的实践方式,但是无论哪个时代,人民的家国情怀都能在国家的历史进程中发挥重要且关键的作用。高中生能够通过融入教育,一方面能继承"以民为本""天下为公"的中华优秀的传统文化的精髓,强化其责任担当,促使高中生将个人命运与国家命运、人民命运紧紧相连在一起。另一方面,促使高中生能够将家国情怀化为实践的动力,将爱党、爱国、爱社会主义相统一落实到具体的日常行为中,让思想转化为行动,积极地投身到国家的改革建设中去。

在今天这个全球化的背景下,多元思潮相互碰撞,对高中生的思维造成一定的冲击,借助"四史"教育的融入,铸就历史思维这把"利剑",可以帮助高中生筑牢唯物史观,拥有时空观念,借助史料实证和历史解释的能力,涵养家国情怀,从而形成历史形象思维能力、历史抽象思维能力和历史创造性思维能力,筑牢高中生的思想根基。

6. 引导价值观

将"四史"教育融入高中思想政治课,以引导高中生形成正确的价值观,是应对当前"百年未有之大变局"时代挑战的重要举措。在这个信息爆炸、文化多元、错误思潮充斥、国际情况及其复杂的时代,高中生的价值观正确形成面临着前所未有的严峻挑战。学习方式的碎片化、多元文化的冲击以及错误思潮的故意误导，都可能对大部分还是未成年人的高中生的价值观产生深远影响。因此，将"四史"教育与高中思想政治课的内容结合起来，不仅仅是为了拓展传授知识的方式方法，更是为了培养学生的道德品质、价值观念和责任担当。

社会主义核心价值观的内涵丰富，包括国家层面的富强、民主、文明、和谐，社会层面的自由、平等、公正、法治，以及公民个人层面的爱国、敬业、诚信、友善，它作为引导高中生形成正确价值观的具体内容，这些内容不仅需要在高中思想政治课中明确讲授，更需要融入"四史"中的生动案例，让高中生在学习课程的过程中深刻理解且认同这些价值观。

价值观是潜移默化、日用而不觉的，所以在教学方法上，我们应注重显性教育与隐性教育的综合运用。尤其是隐性教育，它强调连贯性和综合性，它不仅仅依赖于一节课的课程教学，而是贯穿于整个教学过程的始终。在"四史"教育中，教师可以通过一句话、一个动作、一个表情等细微之处，潜移默化地影响学生，使他们在不知不觉中接受并内化于心。例如，在讲述革命先烈的英勇事迹时，教师可以通过深情的讲述和肃穆的表情，让学生感受到革命先烈的崇高精神和伟大情怀，从而激发他们的爱国情感和奋斗精神。比如讲到时代楷模或者榜样人物的时候，教师赞叹的表情或者点赞的手势都可能让学生从内心产生想模仿的冲动，继而在日常行为中可能就会向榜样学习，遇到问题时，就可能跟先锋模范选择一样的做法、给出一样的答案，这也就是榜样的力量对于价值观的影响。

在教学过程中,为了增强教育的针对性和实效性,我们还需要仔细斟酌融入的内容和方式,深化高中生对价值观的理解和认同。为了引导高中生建立正确的价值观,在"四史"教育融入的时候,选择的内容应该与社会主义核心价值观是紧密相关的、具有深刻内涵的历史事件和榜样人物的事迹。在讲授过程中,要注重历史与现实的联系,毕竟讲解历史是为了在今天实践,历史是给现实的借鉴,要引导学生思考如何在具体的情境下践行社会主义核心价值观。

当然,社会主义核心价值观的形成和培养过程是漫长的,不仅仅是高中思想政治课这一门课的目标,也是整个教育体系的目标,也不仅仅是一两节课的讲解灌输就可以实现,应该是所有课程、所有教师都参与进来,是教学全过程的贯彻。这就意味着,不仅要在高中思想政治课中融入"四史"教育的内容,还要在其他学科的教学中渗透社会主义核心价值观的教育,综合育人的效果可以让高中生更加直观地感受到社会主义核心价值观的魅力和力量。

总之,将"四史"教育融入高中思想政治课以引导高中生形成正确的价值观是一项长期而艰巨的任务。我们需要不断探索和更新教学方法和手段,注重显性教育与隐性教育的综合运用和连贯性的培养,需要加强教学全过程的贯彻和教师全员的参与,形成全员育人的良好局面,才能实现这个教育目标。

高中思想政治课融入"四史"教育,要达到的教育目标除了以上内容之外,还包括科学精神、团结协作、敬业诚信等道德品质,这些品质是高中生应该具备的,融入过程中要塑造的。

二、教师层面:培养深厚素养

在将"四史"教育融入高中思想政治课的教学过程中,教师作为教学的主导者,承担着编写教学设计、引导学生学习、进行教学、评估教学效果等多重任务。因此,在融入过程中,根据教师的任务,教师自身也需要有明确的教育目标,以确保教学过程的顺利开展和教育效果的实现。

2019年3月18日,习近平总书记在学校思想政治理论课教师座谈会上对广大的思政课教师提出"政治要强、情怀要深、思维要新、视野要广、自律要严、人格要正"六项要求①,这也是将"四史"教育与高中思想政治课相结合的过程中对教师提出的教育目标或者要求。

(1)政治要强

从高中思想政治课的课程性质来看,培养高中生坚定的政治认同和坚持正确的政治方向是其核心目标,这也是民族和国家未来发展的需要,是社会主义合格接班人的思想基

---

① 习近平.习近平2019年3月18日主持召开学校思想政治理论课教师座谈会并发表重要讲话[EB/OL]. https://www.xuexi.cn/dcd04a790d372b7a7094e5662a4c45fc/e43e220633a65f9b6d8b53712cba9caa.html,2019-03-18.

础。"四史"教育的目的是"以史为镜、以史明志,知史爱党、知史爱国"①,利用史实来帮助高中生理解我们走中国特色社会主义道路是历史必然,分析和把握其中的科学真理,从而坚定高中生的理想信念、坚定他们的政治方向、坚定他们的政治认同。因此,高中思想政治课教师作为这些教育目标落实的引导者和实践者,必须要有坚定的政治立场、深厚的政治素养、明确的政治信仰、敏锐的政治鉴别力和高度的政治觉悟。

高中思想政治课教师的第一要求就是要有坚定的政治立场。当今世界纷繁复杂,百年未有之大变局的世界背景下,国内外的斗争从未停止,尤其是国外敌对势力对我们意识形态的领地争夺从未放松,高中思想政治课教师必须时刻保持清醒的头脑,坚持马克思主义的立场、观点和方法,坚定不移地维护马克思主义的指导地位,坚决拥护中国共产党的绝对领导,坚决维护党中央的权威,坚决在思想上政治上行动上同党中央保持高度一致。教师只有政治立场坚定,才能在面对各种社会思潮和理论观点时,思想上保持坚定,能够作出正确的判断和清醒的认知,才能引导高中生正确看待世间万象,分清历史与现实,增强走中国特色社会主义道路的信心和决心,增强对中国共产党领导的信任,增强对中国特色社会主义的信念。

---

① 习近平.以史为镜、以史明志,知史爱党、知史爱国[J].求是,2021(12).

　　高中思想政治课教师的专业素质除了拥有相关的专业背景以外，还要求必备深厚的政治素养。政治素养是人的内在品质，主要是指在政治立场、政治品质和政治水平等政治素质方面的修养。政治素养不仅仅包括对政治理论知识的学习和理解，更包括基于在理论基础上把政治实践经验进行积累和提炼，继而把提炼的结论转化为实践的能力，它是一个人的政治态度、政治品质和思想作风的外在体现。从以上就可以看出，高中思想政治课教师应该具备扎实的政治理论基础，包括学习和掌握马克思主义基本原理、中国共产党的历史、中国共产党章程、习近平新时代中国特色社会主义思想、党的创新理论、路线、方针、政策等，作为教师特殊的身份，"活到老学到老"，要时时刻刻关注和学习党的最新理论成果和重大决策，要深入了解国家大事和时事政治，在实际工作中，不断提高自己的政治理论水平和政治实践能力，会从政治上看问题，会运用政治理论解决问题，以及在面对大是大非时能够保持清醒头脑、政治清醒，做出正确判断。

　　作为高中思想政治课教师，要有明确的政治信仰，这是他们精神上的支柱。习近平总书记说"要让有信仰的讲信仰"，所有广大的思想政治课教师都是讲政治的，都应该有信仰，然后才能给学生讲信仰。尤其是"四史"，更是一群有信仰的人创造出来的奇迹历史、是一群有信仰的人追寻理想的过程、是一群有信仰的人带领追寻他们的人创造历史的过程，所以，高中思想政治课教师要有坚定的政治信仰，才能将"四史"教育融入高中思想政治课讲好,才能无愧于人师。政治信仰是政治方向、政治立场、政治观点、政治态度等方面的综合反映①,它是人们精神上的"钙",稳固政治观点的根基,引导政治上前进的方向。高中思想政治课教师要明确信仰马克思主义和共产主义,要坚信人类社会必然实现共产主义。只有拥有明确的政治信仰,教师才能在教育教学过程中始终保持坚持正确政治方向、坚定的政治立场、清晰的政治观点、鲜明的政治态度和高昂的教学热情,言传身教,影响和感染学生,激发他们的政治觉悟和政治愿望。

敏锐的政治鉴别力,是指高中思想政治课教师要保持高度的政治敏锐性,能在错综复杂的政治环境中,迅速地从政治现象中洞察、准确识别并加以判断问题所在的能力。在今天这个信息爆炸的时代,信息来源多且杂、真假难辨,教师要能基于已有的政治知识基础和经验,依据个人的政治素养,对政治现象或事件有足够高敏感度,进行深入了解分析,能够做出正确的判断,还能够透过现象看到政治问题的本质,能够对问题潜在的政治风险进行洞察和政治影响进行预见,能对未来可能产生的政治风险进行防范和预防。在实际的教育教学过程中,教师可以同学生一起对某一政治现象进行深入的推理和分析,具体包括分析这一现象包含的政治事件的内容、这一事件的发展趋势、现象所引发的政治言论的真实性、参与其中

① 李文刚.坚定政治信仰[J].求是,2020(13).

的政治人物的动机等,基于这些分析,学生基本能够准确判断信息的政治属性和政治言论中的一些价值取向,引导学生会正确筛选和获取信息。同时,教师在平时的教学过程中要高度警觉错误的政治言论、要及时发现和抵制如历史虚无主义、西方的普世价值、新自由主义等对学生思想危害特别严重的错误思潮,以防它们对学生的思想造成误导或侵蚀。

高中思想政治课教师的综合素质体现在拥有高度的政治觉悟。政治觉悟是一种能力,表现为人们对政治问题的认识和理解水平,以及在此基础上所外显的政治态度和政治行为。高中思想政治课教师要能够站在党和国家的高度看待问题,在教育教学过程中,讲解国家大事和时事政治的时候要同教师自身的政治觉悟紧密联系起来,体现教师对国家的政治理论、政治原则和大政方针政策的理解、把握程度,体现了教师对国家和中国共产党的忠诚和对国家、社会和集体利益的维护的政治态度,还有教师在政治问题上的分析,它展现了教师对政治问题的理解和在政治问题上明辨是非的能力,对于学生的正确的政治引导也体现了教师在实际工作中能贯彻党的政治原则和政治要求。当然,像高中思想政治课教师在业余时间积极参加政策生活、积极为当地政府建言献策都是政治觉悟高的行动表现。

总之,高中思想政治课教师要在政治上有坚定的信仰、坚定的立场、深厚的素养、敏锐的鉴别力和高度的觉悟,对自己所讲内容要高度认同,做学习和实践马克思主义的典范,才能讲得有底气,讲深讲透,才能有效引导学生真学、真懂、真信、真用①。

(2) 情怀要深

习近平总书记要求广大的思政课教师情怀要深,结合高中思想政治课和"四史"教育的特点,高中思想政治课教师应该具有深厚的家国情怀、教育情怀和历史情怀等,才能够在传道授业解惑过程中,让学生能感受到,才能实现对学生的道德品质培养和价值观的引导。

① 家国情怀

"有国才有家,家是最小国,国是千万家。"这句歌词说清楚了个人、家庭、国家的命运是联结在一起的,家国情怀是高中思想政治课教师思想的核心,它是具体的、现实的。它表现在教师对国家和民族的深厚情感,以及对于国家和民族未来发展的责任感和使命感。在高中思想政治课融入"四史"教育中,高中思想政治课教师的家国情怀教育目标就具象化了。

它要求教师要对国家的发展高度关注。高中思想政治课教师要时时刻刻关注国家的发展动态,这也是课程教学的需要。要高度关注国家在经济建设、政治建设、文化建设、社会建设、生态文明建设和党的建设等各领域取得的新成就、新突破和新改善,要把由此产生的自豪感及时地传递给学生,要时刻心系国家的发展需要,把这种需要具化到个人,要把这种需

---

① 习近平.思政课是落实立德树人根本任务的关键课程[J].求是,2020(17).

要及时地传达给学生,让学生明白个人如何做才能解决国家的发展需要。比如我国在"双碳"目标达成这一举世瞩目的成绩,以及清洁能源在全国各地的有序规划、建立和使用,都表明了我国在环境生态方面取得巨大成就,为世界的环境生态提供了"中国方案""中国智慧",也表明了我们国家"集中力量办大事"的制度优势,教师要深刻领悟并生动地传授给学生,从而激发学生的民族自豪感和对中国特色社会主义制度的认可。

它要求教师要维护国家统一和促进民族团结。国家统一和民族团结是中华民族的根本利益所在,高中思想政治课教师要弘扬家国情怀、要捍卫国家利益,那就要坚定地维护祖国统一和民族团结。中国是统一的多民族的国家,国家统一是国家强大的前提,而多民族这个国情,又强调要维护和促进民族团结,只有维护和促进民族团结,才能保证国家统一、才能维护社会稳定、才能保障各项社会事业向前发展、才能早日实现中华民族伟大复兴的中国梦,所以在教育教学过程中,教师还需要强化中华民族共同体意识,理解各族人民是"休戚与共、荣辱与共、生死与共、命运与共"的一个共同体,各族人民必须认同并忠诚于中华民族共同体,共同承担实现中华民族伟大复兴的历史使命。要把中华民族共同体意识在"四史"教育融入过程中传授给学生。

它要求教师要尊重和传承中华民族历史文化。文化是一个国家的精神命脉,对中华民族历史文化的理解和接受,是培育和发展教师的家国情怀的重要条件。将"四史"内容融入高中思想政治课的教学中,要求教师能够尊重、了解中华民族历史文化,这样才能使师生共同传承中华民族历史文化。高中思想政治课教师要深入学习中华民族从形成到发展的历史进程,要深入学习中华优秀传统文化、革命文化、社会主义先进文化等,真切地感受到历史文化的博大精深,增强文化自信。

② 教育情怀

作为教师,首先要热爱教师这份职业、要热爱教育这一事业,将教育作为毕生的追求,将其视为实现人生价值的重要途径。高中思想政治课教师的教育情怀体现在对教育事业的热爱、对学生的关爱、对自我专业素养和专业能力的提升。

教师有着坚定的教育信念是对教育事业热爱的源头。作为教师,坚信教育是能够改变一个人,能让他的人生轨迹向更好的方向发展的,人作为社会进步的根本动力,只有每个人变好了,整个社会才能进步与发展。这种信念促使教师们有明确的教育理念和目标,并愿意为此倾注心血,大量地投入时间和精力在日常工作和教学中,只为能让学生收获更好更多的知识。教师们认为教育的力量虽无形,但是却能深远地影响一个人的情感、态度和价值观,甚至一个人成年以后的行为模式和处事方法。例如,学生们的理想信念是建立在对国忠诚、与家有益的基础上,愿意在实现自己人生价值的同时兼顾服务人民、奉献社会,愿意在国家危难之际冲锋向前等,这些价值观的引领都是通过教育来实现的,教师们坚信教育事业不仅仅是传授知识,更是为国家培养栋梁之材,更是为构建和谐社会奠定坚实的基础,还是为更多人塑造美好的未来,这正是教师们坚定信念、不懈奋斗的不竭源泉。

教师教育情怀的体现,还表现在对学生的深切关爱之中。"有教无类"是教师教育的宗旨,他们极大地尊重每位学生的个性差异,并理解他们成长过程中的思想困惑,以平等、公正的态度对待每位学生,全心全意地关注着每位学生在生活和学习中的点滴成长和进步,真诚地关爱每位学生。在教育教学过程中,他们尊重学生的个体差异,尊重学生的个性需求,耐心地解答学生的疑惑,努力培养学生的独立思考能力、判断能力和解决能力,时刻关注并及时疏导学生的身心问题,深入到学生的内心世界,仔细地倾听学生的声音,细心地观察学生学习上的困惑和生活中的难处,并及时伸出援手,给予必要的帮助和指导。教师希望这种全方位的关爱,能够让每位学生都能全方位发展,都能拥有光明的未来,都能成为社会的有用之人,这也是教师身负的责任和使命。

教师的教育情怀还体现在自我专业素养和教学能力的提升。拥有教育情怀的教师,是要终身学习、持续学习,这样才能不断提升自己的教育教学水平,尤其是高中思想政治课教师,只有多学习,才能提高专业素养,才能给予学生最新的理念、思想和方法,才能让知识在学生身上"入脑、入心、入行"。一般而言,教师提升自我专业素养都是通过多参加培训和同行多交流、个人多自学等方式,提升教学能力多是通过多实践,在教育教学实践中多尝试新技能、新方法、新理念、新思想、新模式的融入,探索优质、高效且富有生机活力的课堂教学。此外,教师还要多进行教学反思,总结经验教训,不断地改进自己的教学过程,以提高教学效果,这也是不断提升教师的专业素养和教学能力的重要途径。

③ 历史情怀

作为将"四史"教育融入课程的高中思想政治课教师,同其他的教师不同的地方,教育情怀还包括拥有历史情怀,要求教师能够用历史的眼光看待挑战和问题,要有深刻的历史认知、要传承和弘扬历史文化。

高中思想政治课教师要具备深厚的历史知识,不只是中国的历史,还包括国外的部分历史也要有所涉猎,要全面而深刻地理解如中华文明史、社会主义发展史、新中国史、改革开放史、中国共产党史等,能够条理清晰地阐述这些历史发展的脉络,能够掌握各种历史事件的内在联系和普遍规律,要以尊重和敬畏的态度对待这些历史,在传授过程中,不能随意篡改或者歪曲所使用的历史事实,要确保讲授的历史知识是准确无误的。

高中思想政治课教师在学习历史知识的时候就应该意识到历史文化的重要性,所以要承担起传承和弘扬历史文化的任务,这也是作为教师的职责和使命。高中思想政治课教师传承和弘扬历史文化的主阵地是课堂,传承和弘扬的历史文化的对象是高中生,传承和弘扬的历史文化所使用的方式可以是课堂教学或课外实践,传承和弘扬的历史文化使用的方法可以是讲述历史故事、弘扬历史精神、传播历史思想等,传承和弘扬的历史文化使用的手段可以是传统讲授,也可以利用现代科技如互联网、多媒体、人工智能等手段来创新教学,传承和弘扬历史文化的目的是培养高中生的历史责任感、使命感,最终达成文化自信。

综上所述,教育情怀就是要求高中思想政治课教师有仁爱情怀,把对家国的爱、对教育的爱、对学生的爱融为一体,心中始终装着学生,让高中思想政治课成为一门有温度的课①。

(3)思维要新

高中思想政治课教师在将"四史"教育融入课程中,需要具备历史的思维、科学的思维、创新思维、辩证思维,才能让学生认识当代世界和当代中国的立场、观点、方法,应对当代社会的新挑战和新问题。

① 历史思维

历史思维是指运用历史知识和历史方法来分析问题、解决问题的思考方式和思维模式。高中思想政治课教师不仅自身需要具备这样的思维,同时也需要培养高中生具备,这也是将"四史"内容融入高中思想政治课中的意义所在。

历史思维的培养是一个漫长的过程,高中思想政治课教

---

① 习近平.思政课是落实立德树人根本任务的关键课程[J].求是,2020(17).

师本身的培养可以从阅读和学习大量的历史书籍开始,教师
要了解不同历史时期的重要人、事、物,了解不同时期的历史
文化,理解历史发展的一般规律和趋势,获得深厚的历史认
知,其次可以深入学习历史理论知识,认识到历史的连续性和
发展性,联系历史和现实,形成历史经验,形成历史意识,最
后,深入剖析历史理论的背后的原理及相互之间的联系,把这
些知识形成历史经验教训,并在当下和未来的运用,形成历史
方法。在实践中多运用,能站在历史的角度来思考问题、分析
问题继而解决问题,这种历史思维模式就会越用越新。

将"四史"内容深度融入课程教学中,培养学生的历史思
维,这要求教师能够在课堂融入过程中,尽量要将历史事件置
于特定的历史情境中,构建出一个生动、真实的学习情境,能
让学生在模拟的历史背景下进行学习、思考、分析,探究事件
发生的深层次原因,从而更深刻的理解事件的发生对社会发
展的深远影响和背后所隐藏的普遍规律。这样的情境教学方
式,无疑将极大地提升课堂实效,提升学生的历史素养,帮助
他们形成更加全面、客观、深刻的历史观。

② 科学思维

科学思维是指基于科学的原理和方法,以实证、逻辑和推
理为基础的思考方式。高中思想政治课教师需要学习辩证唯
物主义和历史唯物主义,学习马克思主义基本原理,学习中国
特色社会主义理论体系和习近平新时代中国特色社会主义思
想,学习思想政治教育方法理论等科学的原理和方法,以实证

材料作为依据、用逻辑来厘清思路、用推理的手段,构建科学严谨的思考方式。

高中思想政治课教师在培养自身的科学思维时,要积极践行于日常的生活工作中。教师要关注社会热点,搜集第一手实证资料,多用科学思维来对时事进行分析思考。在教育教学过程中,教师精心地编写教学方案,以科学的原理和方法作为指导,逻辑清楚、条理清晰地梳理教学目标,以逻辑进路的方式方法编写教学环节,确保教学内容的条理性和连贯性,使用的教学案例内容要贴近实际、贴近生活、贴近学生,在具体的理论新知的教授,教师可以用推理的方法,从旧知推导出新知,增强学生的接受能力,也拓展了课堂的深度和广度。

在培养学生的科学思维方面,教师通过时事辨析、案例分析、小组讨论、情境再现等教学方式,引导学生学会以实证材料作为依据,以科学的方法进行推理论证,不能轻易下结论,也不能盲目相信传言或主观臆断,要保持清醒的头脑,要用科学的态度处理问题。教学过程中,教师要多通过一些训练,来加强学生的逻辑推理能力,鼓励学生多自主学习,学会发现问题、分析问题、解决问题,培养独立思考的能力。

③ 创新思维

创新思维是指突破传统思维框架,勇于探索未知领域,提出新颖见解或解决方案的思考方式。在这个快速发展的社会,我们遇到的问题或者挑战可能是前所未有的,需要我们用创新思维来解决问题、应对挑战,创新是推动人类社会发展的重要力量,党的十九大报告明确提出:"创新是引领发展的第一动力,是建设现代化经济体系的战略支撑。"所以,高中思想政治课融入"四史"教育,教育目标之一是教师需要具备并培养学生的创新思维。

习近平总书记强调:"要增强创新意识、培养创新思维,展示锐意创新的勇气、敢为人先的锐气、蓬勃向上的朝气。"①培养创新思维,就是培养教师和学生要有敢为人先的勇气,打破思维定势,跳出条条框框的惯性,对待一切新生事物,都敢于说前人没有说过的新话,敢于做前人没有做过的事情,以思想认识的新飞跃打开思维的大门。

习近平总书记说,问题是创新的起点,也是创新的动力源。②所以,要想坚持创新思维,就必须学会找问题,并且跟着问题走、奔着问题去。培养"找问题"的能力,首先要激发好奇心、想象力,有了好奇心才愿意对信息进行分析,有了想象力才能对其提出不落俗套的想法,才有可能给出创新的解决方法。

习近平总书记指出,在激烈的国际竞争中,惟创新者进,惟创新者强,惟创新者胜。③可以从这里看出,要培养学生的创新思维,要多关注社会热点和前沿问题,积极引导学生参与

---

① 本报评论部.增强创新意识 培养创新思维(人民观点)——推进党和国家各项事业的科学思想方法⑤[N].人民日报,2023-09-18(5).

② 吴瀚飞.习近平总书记论创新思维[EB/OL]. http://www.qstheory.cn/2023-08/09/c_1129795522.htm,2023-08-09.

③ 习近平.习近平谈治国理政第一卷[M].北京:外文出版社,2018.

社会实践、开展项目式学习、集体讨论和交流等活动,培养学生对信息的整合能力、团队协作能力和问题解决能力,鼓励学生积极发表自己的意见和解决方案,锻炼自己的创新思维,同时也为社会发展积极地建言献策,贡献自己的智慧和力量。

④ 辩证思维

辩证思维是指运用对立统一的观点和方法,全面、客观地分析问题的思考方式。有别于其他课程的教师,辩证思维是广大思政课教师都需要具备的能力之一,辩证思维是马克思主义哲学的根本方法,是唯物辩证法在人们思维中的运用,是客观辩证法在思维中的反映。①所以,辩证思维既是思维方式,又是方法论。辩证思维是指以唯物辩证法为指导,承认矛盾、分析矛盾、抓住关键、找准重点,洞察事物发展规律并自觉按照规律进行思考的思维方式,其核心是运用对立统一规律观察分析事物。

习近平总书记说,辩证思维能力就是承认矛盾、分析矛盾、解决矛盾,善于抓住关键、找准重点、洞察事物发展规律的能力。这就指出了辩证思维的两个基本方面,即"两点论"和"重点论"。②"两点论"是让大家一分为二地看问题。唯物辩证法认为世间万物都是普遍联系和发展变化,不能偏听偏信。

① 赵宇.辩证思维是马克思主义哲学的根本方法[EB/OL]. https://theory.gmw.cn/2021-02/24/content_34638883.htm,2021-02-24.
② 潘旭涛.习近平治国理政关键词(49):辩证思维[N].人民日报海外版,2017-01-05(1).

"重点论"是要求从众多矛盾中找出主要矛盾,以重点带动一般。辩证思维告诉我们,看问题要全面、客观,要承认矛盾的客观存在,要坚持用对立统一观点和方法来分析矛盾,抓住主要矛盾,找出解决矛盾的基本路径。

在具体的教学过程中,教师可以引导学生学习"四史"内容,让学生运用辩证思维,从历史与现实、传统与现代、国内与国际等方面来正确看待历史人物、历史事件和历史文化,从"两点论"和"重点论"出发,运用学过的唯物辩证法和历史唯物主义的知识,理解它们之间的内在联系和相互影响,抓住关键、找准重点、阐明规律,从而正确评价它们。通过辩证思维的训练,学生可以更加客观、全面地认识和评析社会现象和历史事件,避免片面性和主观绝对化的倾向。同时,在教学过程中,也是教师运用和巩固辩证思维的过程,比如对于学生课堂学习中的所有表现都可以给予正确的、客观的评价,既抓住好的方面进行表扬,也能点出不好的地方希望未来改进,这是辩证思维在教师身上作为教师素养的体现,也符合现代教育的发展趋势——强调"教学评一体化"。还比如学习社会主义建设历程,教师可以运用辩证思维,既要对学生讲它的复杂性和艰巨性,更要引导学生对实现共产主义充满信心。

总之,高中思想政治课教师将"四史"教育融入课程,需具备历史思维、科学思维、创新思维和辩证思维,培养学生全面的、客观的认知,以及学会正确的思维方法,应对当代社会的挑战。

（4）视野要广

高中思想政治课教师的视野一定要广，要有深厚的知识视野、开阔的历史视野、宽广的国际视野，才能培养高中生用"历史的眼光、国情的眼光、辩证的眼光、文化的眼光和国际的眼光"[①]来看待和发现问题，才能将"四史"教育融入高中思想政治课时不会讲错或讲偏。

作为高中思想政治课教师，除了要有如马克思主义哲学、政治经济学、科学社会主义理论等马克思主义理论作为功底之外，还要学习和掌握马克思主义中国化的成果，尤其是中国特色社会主义理论体系和习近平新时代中国特色社会主义思想，这是马克思主义基本原理同中国具体实际相结合的形成的重要成果，还要广泛地涉猎其他哲学、社会科学及自然科学的知识。[②]高中思想政治课的教材有四本必修课程、三本选择性必修课程和三本选修课程，分别为必修1《中国特色社会主义》，必修2《经济与社会》、必修3《政治与法治》、必修4《哲学与文化》四个模块，选择性必修1《当代国际政治与经济》、选择性必修2《法律与生活》、选择性必修3《逻辑与思维》三个模块，选修课程1《财经与生活》、选修课程2《法官与律师》、选修课程3《历史上的哲学家》三个模块，从每个模块的名称就可以看出内容涵盖了政治、经济、文化、法治等多个领域，涉及的知

---

① 中华人民共和国教育部制定.普通高中思想政治课程标准2017年版2020年修订[M].北京：人民教育出版社，2020.

② 习近平.思政课是落实立德树人根本任务的关键课程[J].求是.2020，17.

识面非常广。作为讲授这些内容的教师,要不断加强学习,要增加自身的知识储备,要不断提升自身的专业素养,要不断丰富自身的学识,形成深厚的知识视野,以此来拓宽学生的视野,引导学生用"国情的眼光、文化的眼光、辩证的眼光"全面而深刻地理解中国特色社会主义的伟大实践。

比如在必修2《经济与社会》中的"社会主义经济制度"的内容讲解时,教师可以结合新中国成立后我国经济体系的建立与发展,比如"一五计划"的实施、三大改造的完成、改革开放的启动等重大历史事件,来阐述社会主义经济制度的确立和逐步完善的过程。融入新中国史,通过展现新中国在一片废墟上建立起独立的比较完整的工业体系和国民经济体系的艰苦历程,让学生深刻感知到新中国经济建设的艰辛,理解新中国经济建设取得的成就得来不易,充分理解社会主义市场经济体制在经济建设中发挥的巨大作用,它是中国特色社会主义的一大创新和优势。还比如在讲到"中国特色社会主义进入新时代"的这块内容时,可以加入进入新时代的依据,教师可以从社会主要矛盾的变化这个角度来阐述"为什么说进入了新时代"这个问题,融入新中国史,选择从建国开始到党的十九大这个过程中我国社会主要矛盾的变化,从中分析出由于生产力发展水平的显著提高和社会发展阶段变化,确定中国特色社会主义进入了新时代。教师的知识渊博、底蕴深厚,对各个领域的变化和成就能了然于胸,对各个领域的国家大政方针能信手拈来,才能让课堂变得有深度,才能讲清楚原理,才能让课堂教学素材来源广泛,才能用充分的事实说服学生,让学生信服。

作为高中思想政治课教师,将"四史"内容融入课程教学中,就需要具备开阔的历史视野。"四史"则包括有中国共产党百年奋斗历程的中国共产党史、有中华人民共和国成立之后中国人民七十多年发愤图强的新中国史、有中国共产党立志让中国人民富裕起来进行的四十多年的伟大变革的改革开放史、有从空想到科学的五百多年的社会主义发展史。在教师的历史视野中,不仅包括恢宏壮阔的"四史"内容,还应该有从未断绝的上下五千年、源远流长的中华文明史,要有近代以来中国人民为争取独立自主付出巨大牺牲、充满艰辛与奋斗的一百七十多年的斗争史,更要有中国特色社会主义进入新时代,中国共产党带领中国人民取得的历史性成就和发生的历史性变革。只有教师具有了广阔的历史视野,在课堂教学中生动、具体地将历史与现实进行纵横比较,才能把课本中的一些原理、一些道理讲清楚、讲明白。在教育教学中,教师用开阔的历史视野引导学生明白中国特色社会主义的伟大实践是一个长期且持续的过程,它伴随着中国的发展和进步不断向前推进,作为未来的建设者和接班人,要从现在起坚定理想信念,积极投身到这场伟大的实践中。

比如在"民族团结"的内容中融入脱贫攻坚的事例,这是以习近平同志为核心的党中央团结带领全国各族人民一起完成的历史任务,实现了第一个百年奋斗目标,这充分说明了维护和促进民族团结的重要意义。还比如在讲解"中华民族精神"时,教师可以从中华民族引申到中华民族共同体,从中华民族共同体的本质属性是各民族在共同开拓祖国的辽阔疆域、共同书写悠久中国历史、共同创造灿烂中华文化、共同培育伟大民族精神的历史进程中融聚而成的民族实体,到从构成要素看,中华民族共同体既包括我国今天的 56 个民族,也包括我国历史上存在过的族群,从而得到"中华民族共同体是国家层面的民族实体"的结论,学生就能更好地理解中华民族精神是各民族在长久的共同生活过程中所形成的伟大精神。教师还可以展开具体讲一讲如自强不息、厚德载物等成语的内涵,加深学生对中华民族精神内容的理解。教学过程中,教师还可以结合近代以来中国人民为争取独立自主所付出的努力和巨大牺牲,比如鸦片战争、甲午战争、抗日战争等,进一步帮助学生理解中华民族精神的内涵和时代价值。

作为高中思想政治课教师,要有宽广的国际视野,要用"国际的眼光"来看待和分析问题。全球化的时代背景下,许多问题不只是中国独有的,教师可以在教学中把国外的案例同国内的实际情况联系起来,让高中生从中发现问题,可以借鉴国外的成功或者失败的经验来给出中国的答案,从而培养他们的创造性思维和批判性思维。在手机普及和信息开放的今天,在日常的生活学习中,高中生会大量地接触到多元价值观的冲击,各种似是而非的信息充斥他们的脑子,由于年龄较小、生活经验和知识累积不足,会经常在价值观上面产生一些疑惑,而学生的疑惑就是教师要重点解答的内容,教师要给学生讲清楚、讲透彻,教师要善于旁征博引,要利用国内外的事实、案例、素材进行比较,充分利用比较的结果,在比较中解决学生的疑惑。在教学过程中,教师既不能封闭保守地一味说中国的好,也不能崇洋媚外地说外国的香,要通过摆事实、讲道理,从事实比较到原理分析,引导高中生要客观全面地认识当代中国、看待外部世界,要引导高中生善于运用批判性思维在比较中鉴别好坏、明辨是非。在"四史"教育融入过程中,可以利用世界历史的发展脉络,引导高中生从全球的视角来看待中国的发展,看待中国尤其是党的十八大以来取得的一系列的伟大成就,看待这些伟大成就对党和人民事业、对世界具有的重大现实意义和深远影响,从而增强高中生对中国特色社会主义道路的认同,增强对中国特色社会主义道路自信、理论自信、制度自信和文化自信的认同。

比如在《哲学与文化》中的"文化传承与文化创新"的课程讲解中,教师的国际视野就显得尤为重要。教师可以通过介绍不同国家的文化习俗、传统服饰、民族特色的建筑、宗教信仰等,让学生通过感悟世界文化的多样性,从而理解文化多样性的价值,理解文化的相互交流、相互借鉴的意义。教师还可以通过比较中西方节日的差异,如春节与圣诞节、七夕节与情人节、清明节与复活节等等,让学生感悟不同文化背景下的节日意义和文化内涵。教师还可以通过讨论和辨析不同文化的特点,让学生学会尊重和理解不同文化,要尊重不同文化传统,要求同存异,要交流互鉴,要培养学生跨文化交流的能力。比如在讲"价值判断与价值选择"时,教师可以通过举例在面对发生火灾的时候,美国消防员按照财富多少来安排灭火的先后的做法与中国消防员不计个人生死也要保护群众财产的做法来进行比较,这背后的主要原因是中西方的价值观不同,导致不同的价值选择,还可以延伸举例如中西方在网络安全、人口老龄化等社会问题上面不同的做法也是价值观在社会层面的反映,这样的教学过程能让学生在比较辨析就理解了知识点,同时还引导了学生形成正确的价值观,会在具体问题中做出正确的价值判断和价值选择。

总之,只有高中思想政治课具有深厚的知识视野、开阔的历史视野和宽广的国际视野,教师在将"四史"融入高中思想政治课的过程中,才能做到心中有数。对于如何融入、何时融入、融入什么内容才会有具体的计划和安排。这个目标显然能够让教师的理论功底加厚、加宽、加深,让视野更加宽广,专业素养也能得到进一步提升。

(5)自律要严

教师这个职业与其他职业相比,对自己要求相对严格,思政课教师由于讲授内容的关系,对自己要求更严格。高中思想政治课教师在将"四史"内容融入教学过程中,政治课内容讲的是政治,属于意识形态,而"四史"内容则强调是史实,这两者都需要教师要用严谨的态度和高尚的职业操守来对待。

所以,高中思想政治课教师只有更严格地遵守职业道德规范、遵守教学纪律、遵守政治纪律和政治规矩、遵守学术诚信,学生才能信服,才愿意跟着教师的步伐向前进。

高中思想政治课教师要严格遵守职业道德规范,保持高尚的职业操守。2008年9月1日,中华人民共和国教育部发布了现行的《中小学教师职业道德规范》。这是所有中小学教师都必须遵守的职业道德规范,这个规范中,一共有六条,内容虽然不多,但是从职业的基本要求、本质要求、内在要求,到教师的天职和灵魂,以及教师如何成长都提出了具体的遵守内容和操作方法,在这个规范中,"责任"和"爱"是贯穿其中的灵魂与核心。教育部更是对高校思想政治理论课教师颁布了一系列的通知,如2018年4月12日颁布了《新时代高校思想政治理论课教学工作基本要求》的通知,2020年2月24日颁布《新时代高等学校思想政治理论课教师队伍建设规定》的通知,2023年11月30日颁布《新时代高校思想政治理论课教师行为规范和准则》的通知等,虽然这些通知要求的对象是高校思想政治理论课教师,但是同为思政课教师,从职业操守方面来说,有很多借鉴学习的地方。纵观以上这些通知要求,可以给出高中思想政治课教师需要严格遵守的职业道德规范具体的有:爱国守法、乐教爱生、行为世范、甘于奉献、勤学笃行。高中思想政治课教师严格遵守这些道德规范,就能以高尚的德行、深厚的学识、优良的师德师风、无私的爱心,引领学生树立正确的价值观,促进学生全面发展,共同塑造健康向上的教育生态。

高中思想政治课教师要严格遵守教学纪律,保证教学质量。虽然没有统一的国家层面出台的教学纪律文件,但是为了保证教学质量,很多学校都会出台具体的教师需要遵守的教学纪律规定,综合参考这些规定,再结合高中思想政治课程的特点、在教育实践中可以得出的一些常识性要求、教师行为准则中总结的大家普遍能接受的规定,以及大家约定俗成的一些要求,从教学的开展环节的角度总结出高中思想政治课教师应该要遵守的教学纪律:

① 教学准备

规范教学——严格按照教育部门或学校制定的教学计划和课程大纲进行教学,不得随意更改教学进度和教学内容,确保教学过程的连贯性和系统性。

认真备课——在充分研究教材内容的基础上,结合任教学生的实际学情,制定科学合理的教学内容,确保教学内容的科学性和准确性、可执行性。

编写教学设计——精心编写教学设计,实现课堂教学目标。编写教学设计时要积极探索符合学生特点的教学方法,注重培养学生的学科核心素养。

准备教学资源——提前准备好教学过程中所需要的教学资源和教学设施,本着不浪费、不滥用的原则合理利用。

② 教学实施

着装得体——教师的着装应符合职业规范,保持整洁、大方、得体。

安全意识——在开展实践或者实验等教学活动中，要保障学生安全，遵守安全操作规程，尤其是室外教学时，认真排查各个环节，排查所有安全隐患。

准时上下课——教师要严格遵守教学时间，按时上下课，不迟到、不早退。

维护课堂秩序——保持课堂纪律，维护课堂秩序，及时制止学生扰乱课堂行为，及时处理学生违纪行为，师生共同创造良好的学习环境。

③ 教学质量评估与反馈

科学公正评价学生——及时落实学生评价，采用多样化的科学评价方式，公正地对待每一位同学，不偏袒、不歧视。如果是评价学生的学习成绩，借助如课堂表现、平时成绩、作业完成情况、随堂练习、周考、月考、期末考试等评价依据，全面、客观、公正地评价学生的学习效果。如果是评价学生的包含思想道德等在内的综合素质，考虑高中生的实际情况，除了班主任评、任课教师评，还要引入同学评、家长评，综合信息之后给予公正的评价。

及时教学反馈——课堂教学中，要对学生的学习回应及时给予反馈，定期收集学生的学习信息并分析，了解学生的学习情况和需求，及时给予帮助。

及时反思——及时反思和总结课堂教学的经验教训，不断改进教学方式方法，提高教学质量。

④ 遵守教学伦理与规范

遵守学校规定——遵守学校的规章制度,包括教学管理规定和行为规范等。

保密原则——注意对考试试卷等需要保密的材料文件,严格实行保密制度。

尊重学生——保护和尊重学生的个人隐私,不得向任何人随意泄露学生的个人信息或学习成绩。尊重每位学生的人格和权利,公平公正地对待每位学生。

禁止不当行为——禁止体罚等行为,师生之间注意避免任何形式的不当行为,包括言语上、行为上和肢体上的不当。

热忱教学——教师应该保持对教学工作的热爱和投入,激发学生的学习兴趣,师生共同营造轻松愉快的课堂氛围。

高中思想政治课教师要严格遵守政治纪律和政治规矩,保持正确方向。按照实际情况,高中思想政治课教师大部分都是中共党员或者预备党员,教授的课程内容又是带有意识形态属性,所以特别强调教师一定要严格遵守政治纪律和政治规矩,才能确保教育教学过程中,始终沿着正确的政治方向,才能正确引导学生形成坚定的政治立场和政治信仰。

党的十八大以来,习近平同志围绕严明党的政治纪律和政治规矩发表了一系列重要论述①,这些重要论述不仅适用

---

① 中共中央纪律检查委员会、中共中央文献研究室.习近平关于严明党的政治纪律和政治规矩的一组论述[EB/OL]. http://theory.people.com.cn/n1/2016/0203/c40531-28108588.html,2016-02-03.

于全体党员,也同样适用于高中思想政治课教师。习近平同志认为政治纪律是党员同志在政治方向、政治立场、政治言论、政治行为方面必须遵守的规矩,是维护党的团结统一、完成党的任务的保证。它要求党员同志在思想上政治上行动上同党中央保持高度一致,坚决维护党中央权威和集中统一领导。而政治规矩则包括党章、党的纪律、国家法律和党的优良传统、工作惯例等,是全体党员必须共同遵守的行为规范①。

高中思想政治课是对学生进行思想政治教育的主渠道和主阵地,要加强对学生的政治方向、政治立场、政治信仰的引领,要加强对学生的人生观、世界观和价值观的引领,所以对于高中思想政治课教师而言,要自觉严格遵守政治纪律和政治规矩,确保教学方向的正确性,确保教学内容符合党的路线、方针、政策,确保教学方法科学有效,能够及时传递党的理论和思想,要弘扬社会正能量,要自觉抵制不良思想的侵蚀,要在思想上政治上行动上同党中央保持高度一致。

高中思想政治课教师要严格遵守学术诚信,保持严谨的治学态度。高中思想政治课教师作为知识传播者和学生的思想引领者,必须严格遵守学术诚信,坚决抵制任何形式的抄袭、剽窃他人学术成果的行为,必须确保教学内容的真实性和准确性,必须确保向学生提供的信息是真实的、准确的、有说服力的,不得伪造案例或者编造教学素材、数据、史实等,以免

---

① 中共中央纪律检查委员会、中共中央文献研究室.十八大以来重要文献选编(上)[M].北京:中央文献出版社,2014.

误导学生,损害学术的公信力。

总之,高中思想政治课教师对自己要求要严格,要严格地遵守职业道德规范、遵守教学纪律、遵守政治纪律和政治规矩、遵守学术诚信,要保证做到课上课下、线上线下言行一致。要在教育教学过程中弘扬社会主旋律,积极传递正能量,要坚持正确政治方向,引导学生坚定政治理想、拥护党的领导,引导学生坚持爱国与爱党相统一。

(6)人格要正

教师这个职业讲究言传身教,又说"亲其师,信其道",说明教师个人的高尚人格对于教育教学工作而言非常重要。作为讲授高中思想政治课和"四史"内容的教师,"身正为师,学高为范",更凸显其教育作用。一般而言,需要拥有人格魅力、学识魅力、语言魅力,才能成为学生喜欢的教师,所以,人格要正是高中思想政治课和"四史"内容的教师需要达到的教育目标之一。

① 人格魅力

高中思想政治课教师要有人格魅力,才能感染学生。人格魅力,简而言之就是个人内在的综合素养,如道德品质、情感态度、精神境界、能力及价值观等,外显于言行举止之中,是吸引人、感染人的力量源泉。对于高中思想政治课的教师而言,人格魅力具体包含正直、善良、诚信、宽容、尊重的道德品质,热爱祖国、热爱人民、热爱生活的情感表达,稳定的情绪,遇事不慌的冷静与理智,乐观向上的人生态度,明确的政治立场,整洁大方的外在形象,温和有礼的言语表达和对学生无微不至的关怀等,这些内涵通过言行举止表现出来,给学生树立了良好的榜样,向学生传递了正能量。高中思想政治课教师的人格魅力有的时候都胜于语言的力量,能吸引、感染学生,所以说高中思想政治课教师一定要有人格魅力,才能让教育教学起到事半功倍的作用。

高中思想政治课教师的人格魅力的形成,既源于教师自身长期的自我修养与自我提升,也离不开在教学实践中与学生互动的反馈与调整。比如在将"四史"中的抗日战争融入教学时,由于战争的残酷性及党和国家付出的巨大牺牲,教师态度应该是严肃的,语气是凝重的,表情是肃穆的,甚至着装最好是深色、整洁的,站立姿势或者说肢体语言应该表现出来的是慎重,语言表述要逻辑清晰、详略得当。整个教学过程中教师是主导者,根据学生学习过程中的反应和活动中的互动表现,教师会及时分析并调整课堂节奏,教师的人格魅力就体现出来了。教师要坚持长期的自我修养和严格的自律,可以多外出走走,见识不同的人与事,心胸和眼界自然就会开阔,人生态度也会发生改变。尤其对于思政课教师而言,只有多实践,多看看实际生活的样子,多去红色基地实地考察,有了广阔的视野,才能在课堂有源源不断的例子,才能从学生实际出发去设计教学内容。教师还应该紧跟时代步伐,多内省,多总结,多参加公益活动,当志愿者,努力提升个人的思想境界。与学生交流谈心时要注意行为举止,确保言传身教的一致性,从而在学生心中树立起可信赖、可尊敬的形象。

在教学工作中,人格魅力是教师开展工作的隐形教学方式,它的价值不可估量,是连接知识传授与价值引领的桥梁。具备人格魅力的高中思想政治课教师在教育教学过程中会无形增强知识的吸引力、语言的说服力,更能够增强教学效果,活跃课堂气氛,激发学生的兴趣,提高学生学习参与度。习近平总书记强调,要想上好思政课,要坚持"八个相统一",其中"显性教育和隐性教育相统一",就是要让教师的学识魅力和人格魅力综合发力,来促进学生全面发展,更强调对学生生活、思想的指引,让师生之间有思想碰撞和情感交流,使得学生学习的不只有理论知识,还有社会生活实践知识。

对于学生而言,教师的人格魅力是成长道路上的指路明灯,能够潜移默化地影响甚至决定学生的价值观形成。高中生的价值观和思想还处在"扣第一粒扣子"的关键时期,模仿身边的榜样是下意识的行为。跟高中生接触时间比父母还多的教师,特别是讲授思想政治的教师,因为课程的任务,往往是高中生模仿的首选。高中生会下意识地学习模仿高中思想政治课教师坚定不移的政治态度、处理事情的行为准则、与人交谈的幽默风趣、坦坦荡荡的为人处世,甚至包括穿衣风格,慢慢将教师的这些特质内化为自己的思想构成。因此,一个能以身作则、充满正能量、拥有人格魅力的高中思想政治课教师,能够感染学生树立正确的世界观、人生观、价值观,提升他们的思想道德境界,培养他们的社会责任感和担当意识,坚定理想信念,成为一个合格的国家接班人。

② 学识魅力

高中思想政治课教师要有学识魅力,才能赢得学生。习近平总书记说,思政课教师要用真理的力量感召学生,要用深厚的理论功底说服学生①。学识魅力,对于高中思想政治课的教师而言,是指其深厚的学术造诣、广博的知识储备及将理论知识与实践紧密结合的能力。要在课程中融入"四史"内容,那教师的知识储备中还需要充足的历史知识和宽广的历史视野。学识魅力不是说要把教师变成卖弄知识的人,而是重点体现在有充足的学识,能让教师在教育教学过程中,把真理讲通讲透,把原理能与实际结合,把复杂问题讲简单,把思想问题具象化,能教会学生如何在实际问题中抓重点,如何在万千繁杂信息中辨别真伪,如何将理想信念落实在行动上。高中思想政治课教师学识魅力的形成,离不开长期的学习积累、对教育事业的热爱、对学生的关爱、知行合一的实践,以及对教学方法的不断探索与创新。

在教学过程中,拥有学识魅力的高中思想政治课教师能够以其渊博的知识、独到的见解和不落俗套的教学方式,激发学生对课程内容的兴趣和好奇心。教师的学识魅力体现在课堂教学中不仅传授书本上的知识,更善于把理论知识与社会现象联系起来,引导学生思考社会现象背后的本质,共同寻找

---

① 习近平.思政课是落实立德树人根本任务的关键课程[J].求是,2020(17).

解决社会问题的方法,帮助学生建立系统的知识体系,培养创新思维和批判性思维。

对于学生而言,教师的学识魅力是启迪他们智慧的钥匙,能够开阔他们的视野,培养他们的思维和能力。在教育教学过程中,教师的学识魅力对学生的影响,不仅体现在学生能够学到书本知识,更体现在学生能学到学习、思考、发现问题、解决问题的能力。这种影响是深远的、巨大的,它不仅能够帮助高中生更好地参加高考,更能为终身学习和个人发展打下坚实的基础。在教学过程中,教师融入"四史"中的历史事件,与学生一起进行案例分析,教师对历史事件深入浅出地讲解,引导学生自主探索背后的原理,从而对马克思主义基本原理有了更为深刻的理解。教师也可以融入"四史"中新中国史的内容,让学生从马克思主义基本原理同中国具体实际相结合的过程来理解马克思主义中国化的意义,对习近平新时代中国特色社会主义思想是马克思主义中国化最新成果有更深的认识。从认识到认同,从认同到坚定,这就是教师的学识魅力对学生的思想培养的促进过程,这也让学生感受到思想政治理论学科的魅力,从而更加主动地投入学习中去。

思想政治理论学科是一门与时俱进的学科,所以高中思想政治课教师的学识魅力还体现在教师时刻不忘充实自己的学识,时刻关注学科的前沿动态。随着社会的不断发展和科技信息的不断更新迭代,思想政治理论学科也在不断地丰富和发展,一个具有学识魅力的高中思想政治课教师,必须紧跟时代发展的步伐、学科发展的轨迹、党和国家的最新思想成果、国家的发展趋势等,将最新的现象、思想、理论、观点和成果都引入课堂,使教学内容更加贴近世情、国情、学情,增强学生的学科素养,培养他们的时代感和责任感,使他们成为具有改革创新精神的新时代青年。

③ 语言魅力

高中思想政治课教师要有语言魅力,才能说服学生。无论哪种知识传授,最终都离不开语言表达,可想而知语言魅力对于教师而言有多重要。教师的语言魅力,是指教师运用精准、生动、富有感染力的语言,将抽象的理论知识转化为易于理解、引人入胜的内容,从而激发学生的学习兴趣,提高教学效果。它包含语言的准确性、逻辑性、幽默感及情感共鸣等多个方面。语言魅力的形成,源于教师对语言的精准把控、对学科知识的深入理解,以及对学生接受程度的精准把握。

高中思想政治课教师的语言魅力,与其他课程教师不同,需要体现学科特点,所以教学过程中的语言要体现这几点:一要加强语言中的政治性,以正确的政治立场、态度影响学生;二要加强语言中的思想性,以深厚的专业学识引领学生;三要加强语言中的艺术性,以优美的语言情境感染学生;四要加强语言中的情感性①,以对知识情感和对学生的爱护之情

---

① 林勇灵."四力齐发"提升高校思政课教师的课堂教学语言魅力[J].教育观察,2020,9(6).

打动学生;五要加强语言中的亲和力,以风趣幽默表达方式活跃课堂;六要加强语言中的理论科学性,以严密的科学逻辑来说服学生。

在教育教学过程中,语言是保证课堂教学能顺利进行、教学目标能圆满实现的重要手段。具备语言魅力的高中思想政治课教师能够用简洁明了的语言阐述复杂理论,用生动有趣的例子解释抽象概念,使课堂内容更加贴近学生生活,容易接受和理解。比如在教学语言中多运用比喻、借代、夸张、排比、设问、反问等修辞手法,增加了语言的艺术性,增强了语言的感染力,也增强了语言的说服力,能集中学生的注意力,加快了学生理解和接受速度。

对于学生而言,教师的语言魅力是知识的桥梁,能够帮助学生跨越认知上的障碍,更好地理解和掌握知识。它能帮助学生提高学习兴趣,提升语言的表达能力和逻辑思维能力。在与教师的互动过程中,它还能够培养学生的人际交往能力,使学生在未来的学习和生活中更加自信、从容。

另外,教师的语言魅力还体现在对学生情感的关注和引导上。"思政课是一门有温度的课",具有语言魅力的高中思想政治课教师,能够用温暖的话语关心学生,用真诚的情感共鸣学生,使学生在学习过程中能感受到教师的关爱和尊重。这种情感上的共鸣,能够让学生更加亲近教师,能够缓解学生的情绪上紧张,有了向前的动力,让他们激情满满地投入下一轮学习。

总之，高中思想政治课教师要用人格魅力、学识魅力、语言魅力来感染学生，自觉做学生思想上、知识上、行动上的引路人，要用高尚的人格，成为学生为人处世的表率，做能被学生尊敬、喜爱的人。

第二节　"四史"教育融入高中思想政治课所遵循的原则

把"四史"教育作为教学资源融入高中思想政治课，其原则在于不能改变高中思想政治课的课程目标和学习要求。总的说来，主要有以下四个原则：

一、思想性原则

教育的思想性原则的基本含义是指要以马克思主义为指导，把现代先进的科学基础知识和基本技能传授给高中生，同时要结合知识、技能中内在的德育因素，对高中生进行思想政治教育和道德品质教育。这是知识的思想性和教学的教育性规律的体现。

"四史"教育融入高中思想政治课，其主体是高中思想政治课，"四史"教育是为了高中思想政治课服务的，所选用的内容和形式应该是符合高中思想政治课的课程标准以及高中生成长所需。因此，在"四史"教育融入高中思想政治课的过程中，正确把握思想性原则是非常重要的，是首先要遵循的原则。

具体而言,在融入过程中,一是要坚持马克思主义指导地位。高中思想政治课程的基本指导思想就是马克思主义,同时要让高中生明白中国特色社会主义也是马克思主义在中国的时代化、大众化、本土化、特色化,虽然走的是中国特色主义道路,但仍然是马克思主义,不是什么别的主义。二是应该把握爱国主义精神、民族精神、集体主义等精神和理想信念的培育。教育的最终目的是立德树人,培养爱党爱国爱社会主义的建设者和接班人。在融入过程中,充分考虑高中生的认知规律,充分考虑现在高中生的思想多元化、信息来源片面化、成长需求多样化,以及个体的自我意识很突出、心理素质比较脆弱、"三观"未完全定型等特点,加强思想指导,充分利用"四史"教育的特殊教育资源,在教学过程中充分发挥高中生的主体作用,激发高中生学习的内驱力,实现教育目的。

二、适切性原则

适是合适,切是贴切。适切性原则就是教学内容的选择要适合高中生,贴切高中生的实际,要与高中生的生活与体验发生联系,激发高中生有效学习和自主学习的欲望。

教学内容决定了本节课会教授什么知识,达到什么教学目标。任何教学资源、教学方法、教学形式的使用都是为教学内容服务的。把"四史"教育作为一种教学资源,同样也必须考虑是否符合课程教学内容的需要。在使用过程中,该教学资源能不能很好地为教学目标服务,能不能很好地符合课程的知识点,能不能很好地破解课程的重难点,继而为课程立德树人的根本任务服务。适切性原则就是对这些问题的回应和解决。

在教学过程中,使用"四史"教育作为教学资源,在选取内容上要有适切性,要把握三个融入点,即要找准"四史"教育与高中生掌握思想政治课学科知识的融入点,找准"四史"教育与高中生优化已有的知识和生活经验的融入点,找准"四史"教育与培养高中生核心素养的融入点。除此之外,选取的内容要很大程度上能够调动高中生的积极性,能够激起高中生的学习欲望。教师应当因地制宜、适度地融入,要让"四史"教育的内容为高中生掌握课程的知识点服务。在融入的教学过程中,还需要教师能够不断培养和端正高中生的情感与态度,不断坚定和砥砺高中生的信仰和信念,不断丰富和增进高中生的知识与技能,使其核心素养能够真正得以培养。

三、正面教育原则

正面教育是指以灌输革命真理、宣传正面道理、树立正面形象为主要内容的教育。思想政治课教育一定要进行正面的教育。习近平总书记强调思想政治课教师一定要理直气壮地讲政治。也就是说,在教学过程中,教师一定是给学生提供正面的观点,表现为教师对所教内容的强大的理论自信。同时,一般正面教育过程中所使用的案例中涉及的人或者事都是可以让学生进行模仿和学习的,具有强大的感染力和示范作用帮助学生发展政治认同,树立中国特色社会主义的理想信念,形成责任担当意识,这也是将思想政治的教学理念落到了实处,成为立德树人的支撑点。所以,在高中思想政治课中融入"四史"教育,一定是遵循正面教育原则。

高中生大部分都是未成年人,正处在人生观、世界观、价值观形成的过程中,辨别能力不是很强。身处在这个信息非常发达的社会,外来的各种言论都会影响他们的思想、心理和行为,他们就很容易被错误思潮所影响,尤其是"历史虚无主义"的错误思潮。因此,在教学过程中,教师把"四史"教育的内容正面进行展示、分析和学习,能帮助学生正确对待、尊重历史,摒弃错误思潮带来的思想上的影响。

在具体的融入的课堂教学中,可以通过创设积极的环境,树立榜样,改进教学方式,以表演鼓励贯穿整个课堂,坚持正面说理,及时疏导高中生跑偏的思想。在课堂中,老师可以坚持"解释+论证"的模式,史论结合,以理服人,就能够实现预期的教学目标和培养目标。

四、真实性原则

真实性原则又称为客观性原则,是在教学过程中,教学资源都应该是真实的、客观存在的。对于讲的人或者听的人而言,只有真实客观的事例,才能让学生发自内心地接受,才能产生真情实感,才能在一定的程度上内化于心,继而外化于行,达到育人的目的。

"四史"教育融入高中思想政治课必须遵循真实性原则。在融入过程中，所选用的教学资源都是真实发生的，客观存在的，最好是学生大概率听过或者看过的事例，学生在教学过程中接受起来才会更容易，才能够从内心产生共鸣、情感上接受并且行动上进行模仿，有助于巩固和理解所学内容，对教学能起到非常好的辅助效果。

具体融入过程中，教师在课堂教学中尤其是在必修课程《中国特色社会主义》中，巧妙地使用真实的"四史"教育中的事例、材料，有助于高中生理解教学目标，突破重难点。除此之外，还能够用从小耳熟能详的真实事例，在高中生心中使得理想信念发芽开花，深刻理解爱党、爱国、爱社会主义，把爱国情、强国志、报国行自觉地融入个人的理想信念中，自觉树立为共产主义奋斗终身、为实现中华民族伟大复兴而奋斗终生的信念。

第五章 "四史"教育融入高中
思想政治课的路径

如何将"四史"教育融入高中思想政治课中去，就必须要研究融入的方法和融入路径。

第一节 "四史"教育融入高中思想
政治课所使用的方法

在"四史"教育融入高中思想政治课的教学过程中，除了需要遵循上面提到的几点融入原则之外，还要注重融入的方法。好的教学方法是课堂成功的保障，可以起到事半功倍的效果。基于高中思想政治课的具体特点，在融入过程中可以使用以下这些方法，能够取得比较好的课堂效果。

一、理论教育法

理论教育法，有的时候也被称为"灌输教育法"，是思想政治课常用的教学方法之一。主要是指通过摆事实讲道理，向受教育者正面宣传真理，宣传党的路线、方针和政策，宣传人们在生活、工作、学习中所必须遵守的社会公德等基本道理，使教育者心悦诚服地折服真理，明白是非。①

理论教育法显然不是简单的灌输，而是教育者通过摆事实讲道理在讲授过程中掺入情感，实现情理交融，从正面引导受教育者真正从内心深处接受先进的思想和科学的理论。简言之，理论教育法有助于提高受教育者的思想觉悟，尽快树立正确的价值取向。

例如，在《原始社会的解体和阶级社会的严谨》这节课中，教师首先可以为高中生播放视频《人类文明发展史》，展示人类文明从公元前 31 世纪到公元 20 世纪下半叶的整个发展过程，让高中生明白在这个漫长的过程中，人类文明经历了由低级到高级的演进，人类社会也经历了由低级到高级的发展，明白了人类文明的演进史从本质上说也就是人类社会的发展史。人类社会为什么会历经原始社会、奴隶社会、封建社会、资本主义社会、社会主义社会的发展阶段？是什么神秘的力量促使着社会的更替与变迁？教师通过展示史实材料，对比表格的填写，展示这几种社会形态在统治阶级、被统治阶级、各阶级地位、生产资料归谁所有、产品如何分配等方面的不同之处。在此基础上，师生共同探讨完成三个问题：①奴隶社会代替原始社会是否是历史的进步？②封建制生产关系是否促进了生产力的进一步发展？③怎样看待资本主义社会的兴

---

① 吴亦仙.思想政治工作方法通论[M].厦门：福建教育出版社，1988：172.

衰？通过这些事实和道理，让学生准确地掌握了教材知识，从内心明确地认识到社会主义代替资本主义是历史发展的必然趋势，是社会基本矛盾运动的必然结果，从而增强对我国社会主义制度的认同感，坚定"四个自信"，牢牢树立共产主义远大理想和中国特色社会主义共同理想。

二、艺术感染法

艺术感染法就是教师在课堂上运用戏剧、电影、电视、音乐、舞蹈、美术等一种或者多种艺术形式陶冶学生情操的方法。[①]好的艺术能够表情达意，直击人的内心，震撼人的心灵，对人的思想觉悟、道德观念等方面产生很强的渗透和影响作用。

在高中思想政治课的教学过程中，可以播放与"四史"相关的内容的影视剧，如《觉醒年代》《百炼成钢》等这些优秀的热播剧，也可以播放契合主题、传唱甚广的红歌，如《春天的故事》《我的祖国》等，当然如果条件允许，更是可以组织高中生亲自上演与"四史"内容相关的话剧、舞台剧，让历史事件、典型故事、榜样人物变得更具体、生动和鲜活，可以使得高中生在情境再现中感情得到共鸣，情操得到升华，心灵得到洗涤，理想信念能够得到巩固，正确价值观能够得以树立。

例如，在《科学社会主义的理论与实践》这一课中，教师播

---

① 李昊凤.德育方法之情感陶冶法初探[J].湖北经济学院学报(人文社会科学版),2008(2):165—166.

放歌曲《你的名字,我的力量》烘托课堂气氛,让学生明白你的名字是马克思,我的力量是真理的力量,由于歌曲的感染,学生的情绪得到了调动,学习所需要的情感也已经准备就绪。在教学过程中,播放视频《马克思是对的》中的马克思、恩格斯从事科学研究和革命活动的片段,尤其是创立唯物史观和剩余价值学说的片段,学生直观地感受到伟人之所以伟大,一定是有着伟大的理想和为了实现理想所付出的卓绝的努力。影片的播放效果会比单纯的讲课效果要好,学生能自己从中体会、感悟,从内心激发出对伟人的敬佩之情,继而受到感化和熏陶,达到了教学的目的。

三、激励教育法

激励教育,就是激发人们的主观动机,鼓励人们朝着正确的目标努力。[①]激励教育法是一种教学方法,教师在一定的教学目标的指导下,运用适当的激励方法,激发学生的学习动机,帮助其端正思想动机,提高思想觉悟,从而调动学生的积极性、主动性、创造性,使其朝着既定的教育目标前进。[②]这种方法以满足学生的需求为前提,以激发学生的动机为先导,立足于学生主体性和积极性的发挥,是一种人性化的方法。[③]

---

① 郑永廷.思想政治教育方法论[M].北京:高等教育出版社,1999.
② 陈乐敏.大学生激励教育研究[D].杭州:浙江大学,2018.
③ 王易,张莉.试论激励法在大学生思想政治教育中的运用[J].思想理论教育导刊,2010.

激励是由外部的刺激和学生内在的需求引起的,必须利用学生的认知、兴趣等因素,让学生接受和内化,这样激励教育法才能有效。激励教育法和传统的单纯说教最大的区别在于师生有情感上的双向交流。只有在教学过程中,师生双方对对方都有情感期待。在情感的交流感染下,充分调动学生的认知和情感,把认知激励和情意激励相结合,激励教育法才能在教学过程中真正发挥作用。

在高中思想政治课中,最常见的方法是利用榜样人物的示范效应,比如"四史"教育中大家耳熟能详的榜样——马克思、恩格斯、毛泽东、周恩来等,以及他们广为流传的革命事迹,以其时代性、形象性、可亲性、可模仿性的特点和独特的优势成为激励教育的首选内容。充分挖掘这些资源,能够增强高中生对中国共产党的认同感,有利于在教学中和高中生产生共鸣,高中生在这些耳熟能详的榜样事迹中获得启迪,以此达到激励的目的。

比如,在《新民主主义革命的胜利》课中,教师让学生课前收集资料,深入研究近代以来清政府与西方列强签订的不平等条约内容及产生的影响,如太平天国运动、戊戌变法、辛亥革命的历程、影响和失败的原因。通过对这些内容的深入研究,高中生自然在情感上对近代中国人民的苦难生活感同身受,也从内心认同是历史和人民选择了中国共产党,只有中国共产党才能救中国。如此便能实现师生在课堂上情感交流的顺畅。接着通过播放中国共产党在伟大奋斗历程中关键事件的过程和关键人物的故事,激发高中生的敬佩之情。应该说是教师正确的引导激励了高中生,高中生才能将所学的故事、知识和道理在记忆中长时间地保存,并在将来化为行动自觉。

四、实践教育法

实践教育法就是通过实践达到教育目的的教学方法。教育部 2017 年版《普通高中思想政治课程标准》中提到把高中思想政治课构建为学科逻辑与实践逻辑、理论知识与生活关切相结合的活动型课程。①课程的内容力求理性思维和社会实践活动相融合,通过活动和结构的设计,实现高中思想政治课程的学习内容活动化。高中思想政治课程的核心素养之一是社会参与,就是让高中生通过社会实践活动的历练,自主学习、自主思考,从中感悟真理,从而把社会主义核心价值观从内心自觉变成行动自觉,使学科核心素养落地生根。所以,实践教育法是落实学科核心素养的重要方法,是把"四史"教育融入高中思想政治课应该采用的重要方法。"实践出真知。"理论只有运用到实践中去,才能有效地提高高中生的实践能力。

实践教育法运用到高中思想政治课,结合融入"四史"教育,方式方法可以多种多样,比如可以充分利用当地的红色资源。红色资源承载着红色基因和红色文化,包含丰富的"四史"教育内容,是"四史"教育的重要部分。教师可以带领高中

---

① 中华人民共和国教育部制定.普通高中思想政治课程标准 2017 年版 [M].北京:人民教育出版社,2018:2.

生走出课堂、走出学校,参观博物馆、红色教育基地,观看红色电影,一起唱红歌等。也可以利用课余时间或暑假,带领高中生重走一段长征路,在追寻过程中感受红色足迹中所蕴藏的理想、信念和对未来的向往。还可以鼓励高中生结合课程内容,开展"我来说'四史'"活动,如录制微视频、排演舞台情景剧等。或者帮助高中生在社区或学校开展"我为大家服务"的志愿者活动。通过这些实践教育活动,高中生能够从中学习到革命先辈们所具有的为国为民的崇高理想,以及为之付出艰苦努力的革命精神,也能够从中领悟做人做事的深刻道理,从中汲取强大的精神力量,从而树立牢固的中国特色社会主义共同理想,树立强烈的社会责任感,为实现中华民族伟大复兴做好准备,愿意为成为合格的社会主义建设者和接班人而奋斗。

五、成果展示法

在高中思想政治课开展教学的过程中,教师有时候未必有时间或机会带领高中生到相应的红色基地去参观学习,亲身感受到我们党、我们国家在这些年取得的巨大成就和巨大成果,这个时候在具体融入的课程教学过程中可以将"四史"中所体现我们党、我们国家取得的巨大成就通过图片展、成果展、成果视频展示等方式来呈现给高中生。成果展示法中的图片或者视频是国家级媒体或者平台上相关部门审核制作的,介绍全面、视野宏阔、涉及面广、知识来源正确,往往能给高中生带来不同于在实践基地亲身感受的震撼和新奇,对高中生的教育意义和教育作用也很大,也是高中生乐于接受的一种教学方法。

第二节 "四史"教育融入高中思想政治课的路径

"四史"教育要想很好地融入高中思想政治课,真正让"四史"教育进学校、进课堂、进高中生头脑,不是一两节课可以做好的事情,需要多方面的配合,比如制度的保障、环境氛围的营造、师资的配套及学生的自主学习能力的跟上等。只有这些方面都能落实落细,"四史"教育才能真正地融入高中思想政治课中去。

一、提供良好的制度保障

2021年3月9日,时任教育部部长陈宝生在教育部党史学习教育动员大会上强调,把"四史"专题教育作为广大师生开展中国特色社会主义教育的重要机遇切实抓好。要突出以上率下、上下结合,突出机关带动、系统联动,突出融入日常、抓在经常。①显然,要想把"四史"教育融入高中思想政治课,让高中生真正能做到知史爱国,知史爱党,良好的制度保障必不可少。

---

① 教育部.教育部召开党史学习教育动员大会[EB/OL]. http://www. moe.gov.cn/jyb_xwfb/gzdt_gzdt/moe_1485/202103/t20210310_518792.html,2021.

良好的制度为"四史"教育的融入提供了正当性和合理性。推动"四史"教育精准融入高中思想政治课,是更好发挥思想政治理论课立德树人关键作用的内在要求,也是引导高中生坚定"四个自信"的必然要求,更是引导高中生反对历史虚无主义的时代要求。①只有从政策层面制定制度来实施"四史"教育,才能让社会、学校、教师有"根"可寻,有"章"可遵,才能清晰地了解"四史"教育的目的,能够准确把握"四史"的本质,把握"四史"教育所蕴含的道理、学理、哲理,从根本上杜绝了学习目标偏离的情况,保证了融入的深度和广度,不至于让融入偏离了教育本意,从而使学习效果有了根本性保证。

良好的制度保障将为"四史"教育融入高中思想政治课提供持久的推动力。根据《教育部办公厅关于在思政课中加强以党史教育为重点的"四史"教育的通知》的要求,高中阶段要将"四史"教育活动与高中思想政治课的教学相结合,重在提升高中生的政治素养,引导高中学生衷心拥护党的领导和我国社会主义制度。这就需要研究制定"四史"教育融进高中思想政治课的评价标准,要将"四史"教育融入的评价标准成为高中思想政治课程教育现代化监测评价指标体系的重要内容。要增加"四史"教育内容在学业水平考试、高考等高中思想政治课程考试中的比重。目前高考等升学考试对高中教育起着直接的导向作用,只有提高"四史"教育内容在高考中的

---

① 操菊华,陈薇.党史教育精准融入高校思政课教学探究[J].学校党建与思想教育,2021(21):62—64.

占比,才能切实保证融入能够正常接续下去。还要将"四史"教育纳入高中思想政治课程实施和教材使用的督导范围,定期开展评估和督导工作,保证实施的真实性和彻底性。

二、营造良好的教学环境

将"四史"教育融入高中思想政治课,主要是在教学过程中开展的,所以必须要营造良好的教学环境。这里的教学环境不单是指课堂教学的环境,还包括高中生身处的学校、家庭、社会的环境,因为高中思想政治课是活动型课程,课堂教学的地点不只是教室中,还包括教室外。根据我国高中生的上学实际,学生基本上每周在校时间至少五天,大部分时间都处在学校和教室中,所以教学环境主要是指校园环境和课堂教学环境。这两个环境对高中生的影响是直接的、深远的、全面的。

要有意识地营造显性的课堂教学环境。高中生的学习离不开课堂教学活动,而课堂教学活动都是在一定的课堂教学环境中进行的。在课堂教学活动的进行过程中,主导的教师要通过积极的能动作用,不断地利用和发挥教学环境的有利因素,以及通过改造和完善活动积极创造良好的教学环境,使之更好地发挥对学生发展的促进作用。[1]因此,营造"四史"教育融入高中思想政治课的显性课堂教学环境离不开学校对全校优质资源进行的整合。教师要精心制定教学计划,准确把

---

① 　陶本一主编.学科教育学[M].北京:人民教育出版社,2002:192.

握"四史"教育融入高中思想政治课的教学目标要求、重点内容,选择合适的课程载体,立足课程教学的实际,根据高中生年龄和心理特点及实际生活的需求,开展课堂教学,以此来增强课程吸引力感染力,切实提高育人成效。①这种显性的课堂教学环境的营造,能够让师生从心理上重视教学内容,具有很好地培养高中生的学得与习得的作用,能够让"三进"在课堂上落到实处。

要创设隐性的和谐校园环境。校园环境包括教室的空间环境、教室设施环境、校园的空间环境、校园设施环境,除此之外还包括学校图书馆的环境、校外实践基地环境等。因此,校园环境的范围较大,凡是高中生能够涉足到的地方,能够对高中生起到教育作用的领域都可以称为校园环境。这些环境对于高中生而言,都是驻足其中,但只是学习的条件,所以校园环境的作用是隐性的,是徐徐图之的教学环境。

教室内部通过黑板报、挂图、卡片、照片等传统的教学设施来融入"四史"教育的相关内容。另外,还可以利用班会课、主题教育日等来举办"从小学党史,永远跟党走"主题教育活动、围绕"图话百年"宣传教育活动、"童心向党"班会活动,或者在课余时间用现代教学媒体设施播放与"四史"教育相关的影片、专题、新闻等,让"四史"教育与这些活动相结合,积极引

---

① 教育部.教育部办公厅关于在思政课中加强以党史教育为重点的"四史"教育的通知[EB/OL].http://www.moe.gov.cn/srcsite/A13/moe_772/202105/t20210511_530840.html, 2021.

导,会对高中生产生潜移默化的教育作用。

在校园中可以利用校园广播、校园展览栏等设施来播放和展览"四史"教育相关内容。图书馆应多购买"四史"教育方面的书籍,方便有兴趣的高中生在想要了解这方面知识的时候能够有书可看。图书馆还可以组织"四史"教育阅读活动,充分调动高中生对"四史"学习的积极性。充分发掘和整合本地本校教育资源优势,有社会实践基地的学校可以带领高中生开展"寻访红色足迹""重走长征路"等红色教育实践活动,确保教育工作取得实效。

通过这些隐性的校园环境的创设,将"四史"教育活动与高中思想政治课的教育教学、班团活动、校园文化等相结合,引导高中生坚定不移听党话、跟党走,积极营造一个健康的校园风气,为"四史"教育的学习创造了良好教育氛围,为传承红色基因,延续红色血脉发挥了思想政治教育的实效。①

三、培养优秀的师资队伍

2021 年 4 月 30 日,教育部在《关于在教育系统开展师德专题教育的通知》中强调将"四史"学习作为广大教师思想政治"必修课",结合建党百年系列庆祝活动,以党史学习教育为主线,强化"四史"学习教育。②

---

① 陈静.情感教育融入高中思想政治课教学研究:[硕士学位论文][D].西安:西安理工大学,2021.
② 教育部.教育部关于在教育系统开展师德专题教育的通知[EB/OL].http://www.moe.gov.cn/srcsite/A10/s7002/202105/t20210510_530466.html,2021.

思想政治课教师的师资短缺和专业素养不高,可能是制约"四史"教育融入高中思想政治课的关键因素。有经验、有能力的教师在课程教学过程中,能够根据高中生的身心特点、成长规律,在具体的学情分析和教学目标要求的基础上,全方位、全过程地把握融入的意识、融入的正确方向、融入内容的科学性。也就是说,"四史"教育融入高中思想政治课的成功与否,教师是关键。"师者,所以传道受业解惑也。"只有广大教师不断坚定理想信念、厚植爱国情怀、涵养高尚师德,才能更有底气做好学生锤炼品格的引路人、学生学习知识的引路人、学生创新思维的引路人、学生奉献祖国的引路人。①所以,在当前的形势下,培养能够把"四史"教育精准地融入高中思想政治课的优秀师资队伍就迫在眉睫。

第一,加强对全体思想政治课教师"四史"教育的培训学习。高中思想政治课教师必须把"四史"教育学习作为"必修课",提高自身的专业素养。只有教师自身具有深厚的理论功底,具有历史使命感、责任感和深厚的家国情怀,才能够知史爱党、知史爱国,才能在教学过程中有能力融入"四史"教育的内容,有意识地培养高中生爱党爱国爱社会主义的情感。接受教育的高中生才能做到不忘历史,真正做到学史明理、学史增信、学史崇德、学史力行。具体培训操作过程一般是由学校或者上级教育主管部门定期开展长短期相补充、线下线上相

---

① 教育部.教育部关于在教育系统开展师德专题教育的通知[EB/OL]. http://www.moe.gov.cn/srcsite/A10/s7002/202105/t20210510_530466.html, 2021.

结合的教育培训,为教师免费提供高质量的学习资源,充分激发思想政治课教师的学习内动力,让培训学习起到事半功倍的效果。

第二,让高中思想政治课教师强化"四史"教育融入的意识。在调研"四史"教育融入高中思想政治课的现状的时候,有一个问题很突出,那就是高中思想政治课教师对于融入的积极性不高,也就是意味着教师对于融入的意识不是很强,是导致"四史"教育融入高中思想政治课的效果不佳的原因之一。思想领导实践,先有意识然后才会有举措,要让高中思想政治课教师深刻认识"四史"教育对于高中生成长成才的重要性,认识到"四史"教育对于思政课落实立德树人根本任务、培养高中生的马克思主义历史观、落实大中小学思政课一体化建设、发展高中生思想政治学科核心素养目标的重要性,从学习中统一政治认同,提升教师运用"四史"教育融入高中思想政治课的积极性和主动性。

第三,可以让"劳模""英模"等榜样人物进课堂,参与高中思想政治课的教学过程,用来充实思想政治课教师的队伍。这些榜样人物本身是各行各业的优秀人才,始终践行在"学史力行"的前沿。这些榜样人物由于自身的优秀,自带"光环",高中生对于他们所讲的内容比较信服,从心里容易接受。这些榜样人物进入课堂,课堂效果会比较好。当然,对于这些榜样人物,也需要对他们的理论能力和教学能力进行专业培训,让他们的现身说法更具有说服力。同时,高校也需要多设立思想政治教育专业,以培养更多、更专业的师资力量,从根本上缓解思想政治课教师短缺的问题。

四、增强学生自主学习能力

当今社会处在高速发展的阶段,知识存量越来越大,知识更新的周期也越来越短。由于科技发展的日新月异,获取知识的渠道也越来越多,学生要想获得广博的知识,必须学会学习,必须改进学习的方式。所以,教会学生自主学习,是时代发展的需要,也是培养学生能力素养的要求。

自主学习是一种主动的、有目标的学习,是学习者能够在老师的引导下主动确定学习目标、选择学习方法、监控学习过程、评价学习结果的学习过程。①也就是说,学生对学习内容要有清晰的认识,明确学习任务,合理利用时间,有序安排学习任务,合理预估学习完成情况。学生主动对知识进行学习与探讨,这样才能更好地理解与掌握学习的知识,学生自主学习的能力才能够得到更好的提升。②在自主学习过程中,学生对于教师的依赖性会减少,学习态度也会发生很大的改变,学习效果也会更好,学习过程中学生学习的主体地位也会越来越明显,积极主动性提高很多。③所以,高中思想政治课教师

---

① 曹盛华.自主学习理论与学生自主学习能力的培养[J].华北水利水电学院学报(社科版),2011(5):179—181.

② 赵晓峰.试论高中英语教学中学生自主学习能力的培养[J].中学生英语,2021(44):96.

③ 徐丽华.小学英语教学中对自主学习能力培养的有效策略[J].中学生英语,2021(44):70.

要想增强高中生的自主学习能力,可以从内部环境即课堂教学方法和外部环境这两个方面入手。

第一,在课堂教学过程中采取合适的教学方法。高中思想政治课的课堂教学过程中,高中生大多时候都是被动地学习和接受知识,高中生的主动性和积极性都不高。自主学习需要通过合适的教学方法来激发高中生的学习欲望,比如在学习过程中开展小组讨论、自主探究活动等方法,或者提出具有争论性的问题,让教师与高中生、高中生与高中生之间产生讨论、争辩。在教学过程中,需要教师随时观察高中生整体参与情况和个体高中生的表现情况,必要的时候需要教师适时引导,这种教学策略有高中生积极主动地参与,高中生的主体性能够得到很好的体现。也还可以把"四史"教育的内容用舞台剧、情景剧、话剧、辩论赛等形式直观呈现,它能使高中生在亲身体验的过程中,自觉地加深对知识的理解,主动去了解相关知识,激发高中生参与热情和探究的兴趣与愿望。[①]事实证明,恰当的教学手段更能培养高中生的自主学习的能力。

第二,积极为高中生创造自主学习的环境。陶行知先生曾经说过:"教是为了不教。"一切教学的最终目的是能够"不教",能够让高中生自主地学习。但是,教师也清醒地认识到,自主学习能力不是凭空得来的,需要创造开放的、和谐的、宽松的学习环境。在这样的学习环境中,高中生能够自主地选

---

① 冉新义著.混合式学习的理论与应用研究[M].厦门:厦门大学出版社,2018:65.

择学习的内容、学习的方式方法,教师能做的就是不要对高中生的学习加以干涉,更不要轻易地把自己的思想强加给高中生。①高中思想政治课教师可以充分利用校园环境、学校图书馆、多媒体技术手段等现代化教学方式,在意识到高中生在学习"四史"教育的过程中有困惑的时候,或者是对"四史"教育有深入学习的探究欲望的时候,及时给高中生推送想要了解的知识材料,这样高中生通过自主学习可以加大学习的深度和广度,获得的相关知识也会记忆清晰且比较持久。

第三,可以为高中生编制"四史"教育的校本教辅或者开设"四史"教育的校本辅修课程。校本教辅或者校本辅修课程作为高中生拓展知识面、增加学习时间、增强课堂教学实效的好方法,是落实"以高中生为中心"的理念,可以在"四史"教育的融入过程中发挥作用。当高中生想更加深入了解"四史"某一部分的相关内容,可以选择校本教辅或校本辅修课程,是对高中生自主学习的主动性和积极性的回应,增强高中生学习的个性化和弥补个体差异化带来的知识层面的参差不齐。

五、优化融入课程设计

在高中思想政治课程的教学活动,优化课程设计,将"四史"教育作为课程资源融进教学过程中的各环节,能够激活思

---

① 高宏主编.这样教学很有效[M].天津:天津教育出版社,2019:82.

想政治课堂,让高中生在课堂上不光接受理论知识,更能"知其然,知其所以然"。

1. 设计情景导入,激起学习兴趣

课堂教学过程中,如果开头开得好,课堂教学就成功了一半。在情境导入的环节,可以以真实的历史事件的某一个片段作为课堂导入,让高中生置于真实的情境中,激起高中生强烈的求知欲,调动高中生的积极性。比如在部编版高中思想政治教材必修一中的《伟大的改革开放》这节课程的教学过程中,播放"凤阳县梨园公社小岗村18户农民创造包干到户"的视频,说明改革开放前农村的现状,改革的过程,改革一段时间后的变化。并对学生提问:为什么要实行改革开放? 改革开放伟大在哪里? 从而来拉开本节课的序幕。由于大部分高中生的印象里认为改革开放是从深圳划为经济特区开始的,没有想到改革是从农村开始的。在认知上造成冲突,学生学习就有了欲望,学习的积极性就被调动起来了。

2. 设计课堂活动,增强学生参与度

按照常规教学过程,都会有教学讨论环节。在教学讨论环节,可以精心设计教学活动的主题,让每个学生都能参与,在探究的过程中,可以让学生体会知识的生成过程。一般而言,在课堂讨论环节,可以就教学方法多样,比如使用议题式教学就需要精心设计议题,使用情境教学法就需要创设合适的情境。也可以是教学方式多样,可以在探究过程开展辩论赛或者开展情景短剧等不同方式。这些课堂的教学活动,都能起到让知识入脑、入心。还是以《伟大的改革开放》这节课为例,可以在教学探究过程中,播放视频"十一届三中全会的召开",要求学生分成若干个小组,分工协作,回答以下问题:1.结合所学的历史知识和视频以及教材,谈一谈十一届三中全会召开的背景、内容和意义。2.请合作绘制出改革开放的时间轴,标注出重大事件。最后就探究结果,每个小组派代表上台展示,分享小组研究成果。通过这些探究活动,所有学生都参与到活动中,参与程度高。而且学生在过程中了解到了我国改革开放的进程,以及党做出实行改革开放的重大决策是符合我国国情的,是符合我国社会发展规律的,也达到了有效培育学生科学精神素养的目的。

3. 设计媒体组合方案,融媒体优化课堂实效

新时代的课堂教学与以往的相比,多种教学手段是提高教学实效的一种有效途径。在一节课堂教学中,可以使用多种的多媒体手段,以此让学生在课堂上接受知识不显得枯燥,学生的注意力能够大部分都集中在课堂教学上,不至于"开小差"。另外,教学手段的多样化,使用学生喜闻乐见或者具有时代气息的工具,能够拉近师生之间的距离,弥合"代沟"。由于科技的飞速发展,在现在的课堂教学中,可以使用图文、音频、视频、微信小程序等多种手段,也可以在终端方面使用印刷教材、PC 端、手机端等不同的方式,这些融合多种多媒体技术也就是融媒体的教学手段可以让学生课堂上保持高昂的学习状态,无形中就接受所学知识。现在很多高中都推出"智慧

课堂",在教学过程中也实现了互联网和课堂的连接,为融媒体的教学手段提供基础。"四史"教育的内容现在在"学习强国"、抖音、"央视影音"、MOOC 等 APP 上都有,文字的,图片的,短视频的,专题形式的、练习巩固等多种形式的课程资源都有,在具体的教学中可以精心设计多种多媒体的组合方案,让课堂保持流畅、动静皆宜,让知识"春风化雨",让学生接受于无形中,课堂实效得到提高。

4. 用好身边的"四史"教育资源,丰富社会实践大课堂

2017 年版的高中思想政治课程标准中把高中思想政治课程定位为综合性、活动型课程,这就要求高中思想政治课的教学开展过程必须紧密结合社会实践,让高中生走出教室,走进社会大课堂,走进某些历史事件所发生的地点,身临其境地感受历史事件背后的故事,让课本上的知识鲜活起来,加深对理论知识的理解,同时也让精神接受了洗礼。比如可以带高中生一起观看与四史有关的电影,一起参观距离较近的历史博物馆,更可以去瞻仰和祭扫当地的革命烈士陵园,重走长征路等活动方式,这一系列的活动都可以实现高中思想政治课程内容活动化,帮助高中生在社会实践过程中落实学科核心素养。另外,也可以让高中生走进社区、走进街道,充当讲解员,向人们讲解四史的相关知识,在实践过程中提高对理论知识的理解,接受了党性教育的洗礼,增强个人的思想觉悟。用身边"四史"教育资源,丰富思想政治课程的社会实践。

附录 I "四史"教育融入高中思想政治课的教学案例 1

——以《伟大的改革开放》为例

为了符合 2017 年版的《普通高中思想政治课程标准》中构建活动型学科课程的要求，该教学设计采用的是议题式教学方法，教学评价采用多元评价的方式。

一、教学设计

课　题	伟大的改革开放
教材 内容 分析	① 本课地位 　　本节课内容是部编版高中思想政治必修 1《中国特色社会主义》第 3 课第一框题。通过本框题——《伟大的改革开放》的学习，引领学生感受改革开放带来的巨大成就，了解改革开放的进程，理解改革开放的意义。 ② 本课内容 　　本框主要阐述了改革开放的伟大进程、伟大意义以及改革开放永无止境，下设两目： 　　第一目　"改革开放的进程"，教材 P31—P35，以时间为轴图文并茂地介绍了改革开放进程中的关键时间点，直观地让学生感受到改革开放符合我国国情的，是符合我国社会发展规律的。在"相关链接"部分以表格形式呈现改革开放以来党的历次三中全会简要回顾，表明中国共产党坚定不移高举改革开放的旗帜。 　　第二目　"改革开放的意义"，这一部分内容是对改革开放 40 多年来取得的伟大成就的基础上的情感价值分析，简要表述了改革开放对我国的重大影响、改革开放的伟大意义以及把改革开放坚持到底，从理论理解上升到政治认同。

续表

课　题		伟大的改革开放
核心素养目标	公共参与	明确改革开放对我国的重大影响,理解改革永无止境,积极支持改革,坚持改革,积极参与国家事务,为深化改革开放献计献策。
	科学精神	了解党做出实行改革开放的重大决策是符合我国国情的,是符合我国社会发展规律的。
	政治认同	通过了解改革开放进程和巨大成就,深刻领会改革开放的意义,增强对我国社会主义社会制度的认同,树立道路自信、理论自信、制度自信和文化自信。
学情分析		高一学生思维活跃,学习积极性高,探究与分享能力强。在初中阶段,他们已经学习过改革开放的知识,并且通过一个多月对必修 I《中国特色社会主义》的学习,他们对人类发展的进程和趋势有了一定的认识,比较认同只有社会主义才能救中国。但是,学生对改革开放这个概念缺乏理性认识,相关理论知识零散化、片面化,抽象思维能力稍弱。因此,本节课将充分运用音乐、视频、图片等手段,增强学生对改革开放的情境体验以及对中国特色社会主义的理论理解。
教学重难点		教学重点:改革开放的意义;改革开放的进程 教学难点:改革开放的进程
教学方法		议题式教学;情境式教学法;问题式教学法
教学资源		视频;多媒体播放器;粉笔

教学过程			
教学环节	教师活动	学生活动	设计意图
引入	【总议题】改革开放"伟大"在何处? 多媒体播放经典歌曲《春天的故事》 同学们,在歌声中我们能感受到改革开放的画卷徐徐展开,一个划时代的事件和伟人重现眼前。那么为何党中央会作出改革开放这一重大决策呢?改革开放经历了哪些历程?改革开放凸显了什么意义?今天,带着这些问题,让我们一起走进《伟大的改革开放》。	学生聆听经典歌曲,请同学说说歌词中的老人是谁?他做了什么伟大的事?	通过多媒体播放经典歌曲进行课堂导入,能够使学生将注意力较快集中到课堂上,激发学生的学习兴趣与探究欲望,营造轻松有趣的课堂氛围。为后面改革开放相关教学作好铺垫。

教学过程			
教学环节	教师活动	学生活动	设计意图
第一篇：《忆往昔波澜壮阔》	【学科概念】改革开放的进程 【子议题】改革开放历经了怎样的"伟大进程"？ 【议题情境】多媒体播放视频一《中共十一届三中全会的召开》。 在学生做完汇报后，教师总结。 【教师总结】"文化大革命"结束后，在党和国家面临何去何从的重大历史关头，1978年12月，党的十一届三中全会在京召开，根据当时中国国情，大会重新确立了马克思主义思想路线、政治路线和组织路线。这次全会，我们党在思想、政治、组织等领域全面拨乱反正。大会作出了改革开放的历史性重大决策，伟大的社会主义改革开放，是从这次全会揭开序幕和开始起步的。	探究与分享一：①结合所学历史知识，谈一谈十一届三中全会召开的背景。（可以从当时的政治、经济、思想、国际环境等方面思考） ②结合视频和教材P31，说一说十一届三中全会的内容和意义。 ③自主学习教材P31—P33，请绘制出改革开放的时间轴，标注出重大事件，并概括总结改革开放的3个阶段。学生分成若干学习小组（背景组、内容和意义组、绘制历程组），分工协作，自选题目。每组同学通过问题的讨论探究达成共识，形成文字，并派代表上台展示，分享成果。	让学生通过谈开的十一届三中全会召开的背景，绘制出改革开放的时间轴等小组活动，了解改革开放的进程。明确党做出实行改革开放的重大决策是符合我国国情的，是符合我国社会发展规律的，达到有效培养学生科学精神素养的目的。
第二篇：《看今朝沧海桑田》	【学科概念】改革开放的意义。 【子议题】改革开放凸显了什么"伟大意义"？ 【议题情境】多媒体播放视频二《改革开放40年中国经济"逆袭史"》 【教师总结】改革开放以来，各方面成就都很突出，具有重大历史意义： ①改革开放极大改变了中国的面貌、中华民族的面貌、中国人民的面貌、中国共产党的面貌。 ②中华民族迎来了从站起来、富起来到强起来的	探究与分享二 ①结合自己家庭生活的变化，说说改革开放让我们的生活发生了哪些突出变化？ 学生分成若干学习小组（教育组、医疗组、就业组、住房组、交通组），分工协作，自拟题目。每组同学通过问题的讨论探究达成共识，形成文字，并派代表上台展示，分享成果。 ②请同学们自主学习教材P33—P35，概括总结改革开放的伟大意义。	让学生结合自己家庭生活的变化，说说改革开放让我们的生活发生了哪些突出变化？理解改革开放的意义，增强对我国社会主义社会制度的认识，坚定"四个自信"，达到有效培育学生政治认同核心素养的目的。

续表

教学过程			
教学环节	教师活动	学生活动	设计意图
第二篇:《看今朝沧海桑田》	伟大飞跃,中国特色社会主义迎来了从创立、发展到完善的伟大飞跃,中国人民迎来了从温饱不足到小康富裕的伟大飞跃。 ③实践充分证明,改革开放是党和人民大踏步赶上时代的重要法宝,是坚持和发展中国特色社会主义的必由之路,是决定当代中国命运的关键一招,也是决定实现"两个一百年"奋斗目标、实现中华民族伟大复兴的关键一招。 我国改革开放的目的是解放和发展生产力,进一步解放思想,建设有中国特色的社会主义。		
第三篇:《展未来鹏程万里》	【学科概念】改革开放永无止境。 【子议题】如何延续改革开放的"伟大未来"? 【议题情境】多媒体播放视频《习近平总书记在庆祝改革开放40周年大会上的讲话》(节选)、《蓄力改革再出发》。 【教师总结】实践发展永无止境,解放思想永无止境,改革开放也永无止境。当今世界是开放的世界,开放带来进步,封闭必然导致落后,改革开放只有进行时,没有完成时。	探究与分享三 请同学们自主学习教材P35,结合教材和视频,谈谈你对"改革开放只有进行时,没有完成时"的理解,为我们国家今后的改革开放建言献策。 学生分成若干学习小组,分工协作。每组同学通过问题讨论探究达成共识,形成文字,并派代表上台展示,分享成果。	让学生通过"为国家今后的改革开放建言献策"活动,让学生理解改革开放永无止境,积极支持改革,参与改革,达到有效培育学生公共参与核心素养的目的。
总结分析	同学们,今天的中国站在了新的历史起点上,我们比历史上任何时期都更接近实现中华民族伟大复兴的梦想,比任何时候都需要青年的激情奋斗、青春奉献。今天,我们通过学习《伟大的改革开放》,更加坚定了"只有中国特色社会主义才能发展中国"的信念。		

续表

教学过程			
教学环节	教师活动	学生活动	设计意图
总结 分析	老师希望你们:将自己的命运与国家的命运紧密相连,将个人的追求融入民族的共同理想,在推动改革开放和现代化进程中,做一个信仰坚定的爱国者,做一个敢为人先的创新者,做一个艰苦奋斗的建设者。 许自己一个未来,就是国之未来! 让我们以梦为马,不负韶华,踏上一路追梦的征程!		
配套 练习	见教学评价中的核心素养专练		

板书设计
伟大的改革开放 ⎰伟大的进程 ⎱伟大的意义 伟大的未来

二、教学评价

1. 凸显价值引领的意义

需要用支撑思想政治学科核心素养的基本观点统整、统筹学科知识。通过引领学生回顾历史,明确党的十一届三中全会的重大贡献;通过回顾改革开放以来的巨大成就,探究成就取得的原因,完成"解释与论证"的学科任务。

2. 采用任务导向性评价方式

通过分组探究活动,教师根据学生在活动中的团队合作分工表现、展示活动中的语言表达和陈述等情况,还有学生课堂上进行的学科核心素养专练的结果进行综合评价。运用下面的评价表来进行评价学生活动的。

评价维度		评价标准	评价等级
一般素养	获取信息	积极参与资料、相关信息的搜集和整理	
	沟通合作	与小组同学主动配合,积极主动地倾听、沟通想法	
	展示交流	善于交流,敢于表达,清晰流畅的表达小组观点,尊重他人的观点	
核心素养	知识掌握	掌握理解程度较好,知识体系得到补充	
	实践应用	活动目标明确恰当,发现问题、提出问题并能解决问题,并能为自己的观点提供例证	
	创新迁移	能将知识准确迁移运用到不同情境和知识体系中	
核心素养专练	成果检测	能运用所学知识解决实际问题,巩固拓展所学知识	

(注:评价等级用优、良、中、差四个等级来判定)

3. 核心素养专练

(1)"在改革开放的道路上,每前进一步都需要解放思想,党的许多重大决策都体现了解放思想的精神,党的许多重要历史文献都是解放思想的结晶。"标志着解放思想作为党的思想路线重新得到确立的是(　　)。

A. 遵义会议召开

B. 中华人民共和国成立

C. 党的十一届三中全会召开

D. 经济特区的建立

(2)2020 年是我国改革开放 42 周年,重温改革历程,有助于我们在习近平新时代中国特色社会主义思想的指引下,深化改革,扩大开放,进一步完善社会主义市场经济体制,加快推动经济高质量发展。下列对应正确的是(　　)。

A. 党的十一届三中全会——把党和国家的重点转移到社会主义现代化建设上来——开启改革开放和社会主义现代化建设新时期

B. 党的十二届三中全会——经济体制改革——使市场在资源配置中起决定性作用

C. 党的十四届三中全会——完善社会主义市场经济体制——进一步推动企业改革,释放经济活力

D. 党的十八届三中全会——全面深化改革若干重大问题——实现对外开放新格局

(3)"我们前所未有地接近世界舞台中心,前所未有地接近实现中华民族伟大复兴的目标,前所未有地具有实现目标的能力和信心。"这是因为(   )。

① 改革开放极大地解放和发展了社会生产力,增强了社会发展活力   ② 改革开放推动中国发展并取得辉煌成就 ③ 改革开放改变了中国的社会性质   ④ 改革开放改变了世界,使中国主导了世界

A. ①②   B. ②③   C. ①③   D. ③④

(4)**材料一** 1978 年,中国国内生产总值占全球的比重只有 1%,对世界经济的影响可以说是无足轻重。2019 年,中国对世界经济增长贡献率达 30% 左右。美国耶鲁大学高级研究员史蒂芬·罗奇说,中国不仅是世界上最大的出口国,而且在全球价值链中心发挥着至关重要的作用。最新研究表明,全球价值链占世界贸易增长的近 75%,而中国是这一增长最

重要的源头。因新冠疫情，中国延迟复工一月有余，对世界产生的影响，可以用"蝴蝶效应"来概括。据悉，在抗生素、糖尿病药物、止痛药和治疗 HIV 的抗逆转录病毒药物的全球供应链中，关键药物成分的生产者正是中国。世界迫不及待呼吁中国复工。当地时间 3 月 4 日，国际货币基金组织(IMF)总裁格奥尔基耶在记者会上表示，中国复工复产，对世界是好消息。

材料二 改革开放前，我国农村地区普遍贫困，按照现行农村贫困标准衡量，1978 年末农村贫困发生率约为 97.5%，农村贫困人口规模达 7.7 亿人。改革开放以来，随着经济发展和人民生活改善，我国贫困人口大幅减少。党的十八大以来，在党中央领导下，我国打响脱贫攻坚战。2018 年末，农村贫困发生率降至 1.7%，贫困人口降至 1 660 万人，中国成为世界上减贫人口数量最多的国家。英国《经济学人》杂志评论说，在减贫脱贫方面，中国是个"英雄"。

根据材料，运用所学知识，以"变革"为题，自选角度，写一篇短文。要求：观点鲜明，可以就某几点深入分析，也可以全面论述；知识运用准确、贴切，合乎逻辑，条理清晰；200 字左右。

4. 教师自评

优点：在课堂上运用"四史"作为教学资源进行教学，结合课程内容，符合学生的实际，对课程内容进行了很好的诠释和证明作用。

不足：在本节课中，视频资料的使用有点多，课程资源展现形式没有体现多样化，同时学生的活动较多，课堂教学时间没有把握很精准。

三、教学反思

1. 教学内容条理清晰。把教学内容设计成昨天、今天和明天三篇,第一篇学习了改革开放的伟大进程,第二篇学习了改革开放的伟大意义,第三篇学习了改革开放的伟大未来。三个篇章环环相扣,每一篇章都按照学生观看视频——学生探究与分享——学生得出结论的逻辑顺序。

2. 议题设计较为巧妙。本课采用了议题式教学方法,以"改革开放伟大在何处"为主议题,设置了三个子议题。子议题一:改革开放历经了怎样的"伟大进程"? 子议题二:改革开放凸显了什么"伟大意义"? 子议题三:如何延续改革开放的"伟大未来"? 通过这三个子议题,论证改革开放之"伟大"。议题既承载了学科的重点内容和知识,又有效地进行了价值引领,达到培育学生学科核心素养的目的。

3. "四史"教育内容设置为议题情境,契合教学主题。本课教学主要由多媒体播放红色歌曲《春天的故事》导入新课,多媒体播放四个与教学内容相契合的"四史"教育的视频——《十一届三中全会的召开》《改革开放 40 年,中国经济"逆袭史"》《习近平总书记在庆祝改革开放 40 周年大会上的讲话》(节选)、《蓄力改革再出发》,使学生从直观上感受改革开放以来,我国取得的伟大成就以及改革开放的伟大意义,这些情境的设置给学生的"议中学"的开展提供了材料支撑。

附录Ⅱ "四史"教育融入高中思想政治课的教学案例2

——以《中国特色社会主义进入新时代》为例

为了符合2017年版的《普通高中思想政治课程标准》中构建活动型学科课程的要求,该教学设计采用的是议题式教学方法,教学评价采用多元评价的方式。

一、教学设计

课题	中国特色社会主义进入新时代
教材内容分析	1. 教材地位:本节课处于高中思想政治教材必修一《中国特色社会主义》第四课第一框的位置,在内容上承接第三课"只有中国特色社会主义才能发展中国"。中国特色社会主义经过从创立、发展到完善的过程,中华民族迎来了从站起来、富起来到强起来的伟大飞跃,中国特色社会主义进入新时代,引出第四课"只有坚持和发展中国特色社会主义才能实现中华民族伟大复兴"的内容,起到了承上启下的作用。本框有三目,第一目 "新时代的内涵",阐明中国进入新时代的重大意义;第二目 "新时代我国社会主要矛盾",了解我国主要社会矛盾的变化,掌握新时代的"变"与"不变";第三目 "新时代坚持和发展中国特色社会主义要一以贯之",认识我国面临的问题和挑战,必须坚持和发展中国特色社会主义,一以贯之接续奋斗。本节课学习本框题的前两目。 2. 教材作用:本节课以习近平新时代中国特色社会主义思想为指导,紧密结合中国特色社会主义发展历程,阐明中国特色社会主义进入新时代的历史方位,我们比历史上任何时期都更接近、更有信心和能力实现中华民族伟大复兴的目标。本框题通过探究新时代的内涵和重大意义,为明确把爱国情、强国志、报国行自觉融入坚持和发展中国特色社会主义事业、全面建成社会主义现代化强国、实现中华民族伟大复兴的奋斗之中提供了强大的思想支撑,为增强贯彻落实习近平新时代中国特色社会主义思想的自觉性和坚定性,提供了时代坐标和科学依据,具有重大现实意义和深远历史意义。

课题		中国特色社会主义进入新时代
核心素养目标	政治认同	通过认识和掌握新时代的内涵和重大意义,明确我国发展的新的历史方位;通过分析党的十八大以来中国特色社会主义事业取得的辉煌成就来体会中国特色社会主义道路的优越性,拥护中国共产党的领导,坚持和发展中国特色社会主义。
	科学精神	通过对社会主要矛盾的变化的学习,提高学生运用辩证思维能力,立足基本国情,充分了解和辨析新时代的"变"和"不变"。
	公共参与	通过对我国国情和国际地位的分析,培养学生勇于承担社会责任,积极地把爱国情、强国志和报国行融入个人的社会实践中去,增强公共参与意识,提升个人的道德境界。
学情分析		通过调研,了解学生的基本情况如下: 学生通过前面课程的知识的学习,已经了解到了改革开放以后中国的发展现状,对于中国特色社会主义的创立、发展和完善的过程了解清晰。对于中国的发展尤其十八大之后取得巨大成就通过身边的变化发展能从心理感知到,从父辈的言谈过程中对于中国的发展尤其是改革开放前后的巨大变化有了一定的了解,已经具备学习新知识的理论基础和情感准备。但是由于年龄和阅历的限制,还没有从实践感知上升到理论高度,对于中国特色社会主义进入新时代的科学内涵和重要意义不是很清楚,对于社会主义矛盾的变化了解了,可是这些变化的背后的国情和国际地位不变的意义是不太清楚的。
教学重难点		1. 教学重点:中国特色社会主义进入新时代的科学内涵和重要意义 2. 教学难点:我国主要矛盾的变化以及新时代的"变"与"不变"
教学方法		教法:议题式教学法、启发式教学法 学法:合作探究法,自主学习法
教学资源		多媒体教室

教学过程			
教学环节	教师活动	学生活动	设计意图
引入	播放视频《了不起,我的国》的部分节选内容,主要突出我们国家十八大以来取得的巨大成就,同时让学生通过亲身感受来说一说我们国家的巨大变化。 总结:这样一个时代与之前相比,发展如此不同,那这是一个什么样的历史发展阶段呢?给出课题:中国特色社会主义进入新时代,这是我国的发展新的历史方位。	从身边说起,可以看到和感受到的,也可以是从父辈那里听说和了解的,这些年我们的国家的发展变化。	播放视频,能快速地让学生的注意力集中起来,进入课程学习。 从身边的变化说起,能让学生有话说,能通过前后对比,坚定中国特色社会主义道路和理论自信,具备了本课学习的情感基础。 给出今天学习的课程题目。

教学过程			
教学环节	教师活动	学生活动	设计意图
新课讲授	本节课设置总议题为:中国特色社会主义新时代"新"在哪里?通过探寻"新"的历程,下设二个子议题 议题一:新时代——新面貌 议题二:新时代——新矛盾	通过议题对本节课的教学重点和教学逻辑有了基本直观的了解	通过议题的设置,学生能快速地掌握本节课的逻辑关系和教学重点,能跟上教师的思路,快速地进入课堂学习。
议题一:新时代——新面貌	议题一 新时代——新面貌 新时代"新"在哪里?首先我们从国家的发展面貌来看看,请同学们思考三分钟,来一起交流看看我们国家在哪些方面有了新面貌? 学生回答完之后,师生一起梳理党带领人民在国家发展过程中所作出的种种努力和艰辛付出。	学生从载人航天、探月工程、奥运会、冬奥会、抗震救灾、防疫抗疫等方面,分别发表了自己的看法。	从新面貌的阐述过程中,再次让学生感受到中国特色社会主义进入新时代,我们国家迎来了翻天覆地的变化,中华民族迎来了从站起来、富起来到强起来的伟大飞跃。
议题一:新时代——新面貌	总结:时代的发展有一个从量变到质变的过程,在量变中蕴含和孕育着质变,质变是量变的必然结果,同时又开启新的量变。回顾党领导人民的奋斗历程,革命也好,建设也好,改革也好,都经历了从量的积累到质的飞跃的不同发展阶段。 播放习近平总书记在中国共产党第十九次全国代表大会上的报告的语音,总结新时代的科学内涵: ①新时代是承前启后、继往开来、在新的历史条件下继续夺取中国特色社会主义伟大胜利的时代。 ②新时代是决胜全面建成小康社会、进而全面建成社会主义现代化强国的时代。 ③新时代是全国各族人民团结奋斗、不断创造美好生活、逐步实现全体人民共同富裕的时代。	播放音频,学生在教师的指引下感悟中国特色社会主义进入新时代的科学内涵。	不同的教学方式能有效的减少学生上课的疲惫感,让学生保持课堂的积极性。 通过总结新时代的科学内涵,明确中国特色社会主义进入新时代,这是我们党在科学把握世情国情党情深刻变化的基础上,作出的一项关系全局的重大战略考量,进一步彰显了中国共产党与时代共同进步的先进性本色,体现了把握历史规律和历史趋势的高度自觉和高度自信。

	教学过程		
教学环节	教师活动	学生活动	设计意图
	④ 新时代是全体中华儿女勠力同心、奋力实现中华民族伟大复兴中国梦的时代。 ⑤ 新时代是我国日益走近世界舞台中央、不断为人类作出更大贡献的时代。		
议题一: 新时代 —— 新面貌	小组探究活动:给出一则材料,让学生们结合材料,讨论中国特色社会主义进入新时代的重要意义。 提示:从历史意义、政治意义、世界意义三个方面来总结。 总结:中国特色社会主义进入新时代的重要意义: ① 意味着近代以来久经磨难的中华民族迎来了从站起来、富起来到强起来的伟大飞跃,迎来了实现中华民族伟大复兴的光明前景; ② 意味着科学社会主义在20世纪的中国焕发出强大生机活力,在世界上高高举起了中国特色社会主义伟大旗帜; ③ 意味着中国特色社会主义道路、理论、制度、文化不断发展,拓展了发展中国家走向现代化的途径,给世界上那些既希望加快发展又希望保持自身独立性的国家和民族提供了全新选择,为解决人类问题贡献了中国智慧和中国方案。	学生在充分研读完材料,小组讨论,形成最后的观点,并让代表清晰地表达出来。	通过探究活动,解决本节课的重点。 因为是通过活动得出中国特色社会主义进入新时代的重要意义,所以学生会更加深刻立体地了解历史意义、政治意义、世界意义,加深了记忆。
过渡	进入了新时代,取得了这么多的巨大成就,是不是我们现在就不用发展,社会不存在问题和矛盾了? 显然不是的,新时代有新的矛盾。		

教学过程			
教学环节	教师活动	学生活动	设计意图
议题二：新时代——新矛盾	议题二：新时代——新矛盾 通过时间轴的变化、图片展的形式向学生展示我国社会的主要矛盾的变化，党的十九大指出，中国特色社会主义进入新时代，我国社会主要矛盾已经转化为人民日益增长的美好生活需要和不平衡不充分的发展之间的矛盾。	学生观看时间轴上的主要矛盾的变化，了解我国社会的主要矛盾，为后面的学习打下基础。	通过图片展，带领学生学习新时代我国社会的主要矛盾，并以时间轴的形式清楚明了地展现我国社会的主要矛盾的变化，有利于学生更加清楚地学习该部分内容。
	引导学生一起讨论我国现在的社会主义矛盾中不平衡和不充分的发展具体体现在哪些方面。 总结： 1.不平衡发展体现在实体经济与虚拟经济、区域发展、城乡发展、收入分配、经济与社会发展、经济与生态发展等方面。 2.不充分发展体现在市场竞争、效率发挥、潜力释放、有效供给、动力转换、制度创新等方面。 我国社会主要矛盾的变化是关系全局的历史性变化，对党和国家工作提出了许多新要求。 我们要在继续推动发展的基础上，着力解决好发展不平衡不充分问题，大力提升发展质量和效益，更好满足人民在经济、政治、文化、社会、生态等方面日益增长的需要，更好推动人的全面发展、社会全面进步。	从方面考虑哪些方面发展不平衡和不充分，最后举手回答，一起充分讨论。	通过讨论环节，让学生理解不平衡与不充分之间的具体含义与区别，加深学生对于我国社会主要矛盾的理解，解决难点。
	播放习近平总书记在中国共产党第十九次全国代表大会上的报告的语音片段，理解新时代的"不变"——我国仍处于并将长期处于社会主义初级阶段的基本国情没有变，我国是世界最大发展中国家的国际地位没有变。	在教师的指导下，深刻了解我国主要矛盾变了，但是基本国情没有变，国际地位没有变。	课程上到这个时间，学生们的注意力都不太能集中了，利用音频的播放，可以让学生集中注意力，对学习内容有更深刻的记忆，解决了另外一个教学难点。

教学过程			
教学环节	教师活动	学生活动	设计意图
议题二: 新时代 —— 新矛盾	总结:要牢牢把握社会主义初级阶段这个基本国情,牢牢立足社会主义初级阶段这个最大实际,牢牢坚持党的基本路线这个党和国家的生命线、人民的幸福线。 中国共产党在社会主义初级阶段的基本路线是:领导和团结全国各族人民,以经济建设为中心,坚持四项基本原则,坚持改革开放,自力更生,艰苦创业,为把我国建设成为富强民主文明和谐美丽的社会主义现代化强国而奋斗。		
巩固 提升	见教学评价中的核心素养专练		
课堂 总结	本节课主要围绕中国特色社会主义新时代"新"在哪展开学习,先后学习了新时代的科学内涵、进入新时代的历史意义、新时代我国社会的主要矛盾、我国基本国情和国际地位没有变,环环相扣,带领学生感受新时代的伟大意义,从而更好地树立道路自信、理论自信、制度自信、文化自信,增强学生的政治认同。		
作业 布置	课下预习下节课内容,同时想一想新时代我们会遇到越来越多的新问题,我们该怎么做? 形成200字左右的观点。		
板书设计			

中国特色社会主义进入新时代 { 新时代 { 是什么:科学内涵 / 为什么:重要意义 / 社会主要矛盾 → 是什么:变与不变

二、教学评价

1. 必须凸显价值引领的意义

需要用支撑思想政治学科核心素养的基本观点统整、统筹学科知识。通过引领学生回顾新中国历史,了解党的十八大以来我们国家取得的巨大成就,通过前后生活的变化,坚定对中国特色社会主义道路自信、理论自信,完成政治认同的核心素养任务。

2. 采用任务导向性评价方式

通过分组探究活动,教师根据学生在活动中的团队合作分工表现及展示活动中的语言表达、陈述等情况,还有学生课堂上的发言、进行学科核心素养专练的结果进行综合评价。下表就是评价学生活动评价表。

评价维度		评价标准	评价等级
一般素养	获取信息	积极参与资料的搜集和整理	
	沟通合作	与小组同学主动配合,积极主动地倾听、沟通想法	
	展示交流	积极展示和表达本小组的观点,尊重他人的观点	
核心素养	知识掌握	掌握理解程度较好,回答问题基本正确	
	实践应用	活动目标明确恰当,能为自己的观点提供例证	
	创新迁移	能将知识准确迁移运用到不同情境和知识体系中	
核心素养专练	成果检测	能运用所学知识解决实际问题,巩固拓展所学知识	

(注:评价等级用优、良、中、差四个等级来判定)

3. 核心素养专练

(1) 我国发展新的历史方位是(   )。

A. 我国已经进入小康社会

B. 中国特色社会主义进入了新时代

C. 我国已经全面建成小康社会

D. 我国仍处于并将长期处于社会主义初级阶段

（2）党的十九大报告指出，我国社会主要矛盾已经转化为人民日益增长的美好生活需要和不平衡不充分的发展之间的矛盾。这一重大政治论断为制定党和国家大政方针、长远战略提供了重要依据。由此可见（　　）。

① 社会主要矛盾转化是制定国策、战略的重要依据

② 现阶段我国社会发展存在不平衡、不充分的问题

③ 人民美好生活的需要指的是物质文化方面的需要

④ 社会主要矛盾的转化意味着我国基本国情的改变

⑤ 社会主要矛盾决定着党和国家现阶段的主要任务

A. ②③④　　B. ①②⑤　　C. ①②③　　D. ①④⑤

（3）"中国特色社会主义进入了新时代，我国的社会主要矛盾已经转化为人民日益增长的美好生活需要和不平衡不充分的发展之间的矛盾。"这一论断的提出有着充分的现实依据，表现在（　　）。

① 新时代人民美好生活需要日益广泛

② 我国社会生产力水平总体上显著提高

③ 我国已经走出了社会主义初级阶段

④ 我国人民对目前经济发展很满意

A. ①②　　B. ③④　　C. ①④　　D. ②③

（4）进入中国特色社会主义新时代，我国经济保持中高速增长，国内生产总值稳居世界第二但同时中国人均国内生

产总值在世界排名还相对落后,发展中不平衡、不协调、不可持续仍然突出。由此可见( )。

A. 中国是发展最快的国家,已经跻身发达国家行列

B. 我国社会的主要矛盾已经发生根本性的变化

C. 我国社会的主要矛盾已经得到彻底解决

D. 我国仍处于社会主义初级阶段

(5) 经过长期努力,中国特色社会主义进入新时代,这是我国发展新的历史方位。新时代我国社会主要矛盾已经转化,意味着( )。

A. 我国社会主义所处历史阶段的判断已改变

B. 我国的基本国情已改变

C. 一定要牢牢坚持党的基本路线这个党和国家的生命线、人民的幸福线

D. 我国是世界最大发展中国家的国际地位已改变

(6) 新时代我国社会的主要矛盾是( )。

A. 人民日益增长的物质文化需要同落后的社会生产之间的矛盾

B. 我国是世界第二经济体与人民生活不平衡不充分之间的矛盾

C. 人民日益增长的美好生活需要和不平衡不充分的发展之间的矛盾

D. 我国国民经济持续健康发展和人民生活水平未达到全面小康的矛盾

（7）2017年10月18日，中国共产党第十九次全国代表大会在北京开幕。党的十九大报告提出了中国发展新的历史方位——中国特色社会主义进入了新时代。这个新时代是（   ）。

① 承前启后、继往开来、在新的历史条件下继续夺取中国特色社会主义伟大胜利的时代

② 决胜全面建成小康社会、进而全面建成社会主义现代化强国的时代

③ 全体中华儿女勠力同心、奋力实现中华民族伟大复兴中国梦的时代

④ 全国各族人民团结奋斗、不断创造美好生活、逐步实现全体人民同步富裕的时代

A. ①②③   B. ②③④   C. ①②④   D. ①③④

（8）古人云："辨方位而正则。"党的十九大顺应时代前进潮流，准确把握发展大势，精辟概括当代中国发展变革的阶段性特征，庄严宣告我国发展新的历史方位是（   ）。

A. 我国已越过社会主义初级阶段

B. 中国特色社会主义进入了新时代

C. 我国已全面建成小康社会

D. 我国已完成第一个"百年奋斗目标"

（9）中国特色社会主义进入新时代，但我国仍处于并将长期处于社会主义初级阶段的基本国情没有变。下列说法对新时代中国特色社会主义与社会主义初级阶段的关系理解正确的是（   ）。

① "新时代"与"初级阶段"双方既对立又统一

② "新时代"仍然具有"初级阶段"的基本特征

③ "新时代"是继"初级阶段"之后的新的阶段

④ "新时代"与"初级阶段"是个性与共性统一

A. ①②   B. ①③   C. ②④   D. ①④

（10）阅读材料，回答下列问题。

材料一：习近平同志在党的十九大报告中指出，经过长期努力，中国特色社会主义进入了新时代，这是我国发展新的历史方位。

材料二：我国社会主义还处在初级阶段，必须坚持马克思主义发展的观点，发挥历史的主动性和创造性，锐意进取、大胆探索，不断有所发现、有所创造、有所前进。运用"中国特色社会主义进入新时代"相关知识，并结合材料，分析中国特色社会主义进入新时代的重大历史意义。

（11）阅读材料，完成下列要求。

经过长期努力，中国特色社会主义进入了新时代，这是我国发展新的历史方位。党的十九大郑重指出，我国社会主要矛盾已经转化为人民日益增长的美好生活需要和不平衡不充分的发展之间的矛盾。社会主要矛盾的变化是中国特色社会主义进入新时代的重要标志。结合材料，请你谈谈中国特色社会主义进入新时代意味着什么。

4. 教师自评

优点：在课堂上运用"四史"作为教学资源进行教学，结合课程内容和根据学生的学情分析,能有效达到新课标的核心理念,让学生能对课程内容有了深刻的理解和掌握,也做到"以史论证";同时本节课使用的教学手段多样,衔接自然紧密,能紧紧抓住学生的注意力,课堂效果和课堂氛围比较好。

不足:在本节课中,学生的活动不太多,学生不能有充分时间发表自己的观点看法,"以学生为主体"的课堂还是有点欠缺,活动型课堂打造还有待优化。

三、教学反思

1. 教学内容条理清晰。本节课主要内容是中国特色社会主义进入新时代的科学内涵和重要意义,我国社会主要矛盾的变化和内容,通过探究——表达——总结的流程,逻辑紧密,学生能够快速地把握本节课的教学内容。

2. 议题设计较为巧妙。本课采用了议题式教学方法,以"中国特色社会主义新时代'新'在哪里"为主议题,探寻"新",设置了二个子议题,子议题一:新时代——新面貌,子议题二:新时代——新矛盾,通过这二个子议题,学生快速了解本课学习的重点内容,又有效地进行了思维引领,达到培育学生学科核心素养的目的。

3. "四史"教育内容中的新中国史的插入作为本节课的议题情境,契合教学主题,也给学生的"议中学"的开展提供了材料支撑。

附录Ⅲ "四史"教育融入高中 思想政治课的教学案例3

——以《方向决定道路,道路决定命运》为例

为了符合 2017 年版的《普通高中思想政治课程标准》中构建活动型学科课程的要求,该教学设计采用的是议题式教学方法,教学评价采用多元评价的方式。

一、教学设计

课题	必修1 综合探究二《方向决定道路,道路决定命运》
教材分析	课标要求:论证中国特色社会主义是当代中国发展的根本方向,坚定坚持和发展中国特色社会主义的自信。 主要内容:"方向决定道路,道路决定命运"是统编版高中思想政治必修1《中国特色社会主义》的最后一个部分综合探究二,本探究内容回应"中国特色社会主义为什么能"的时代之问,集中阐释了中国特色社会主义的历史逻辑和现实逻辑,内容包括概述中华民族从站起来、富起来到强起来的奋斗历程;论证中国特色社会主义"四个自信"的理由;明确"中国特色社会主义进入新时代具有重大意义"。 地位作用:本节课处于高中思想政治教材必修1《中国特色社会主义》最后一个部分,是对教材最核心、最重要内容的深化和拓展,是整本教材的归宿。本课贯穿整本教材,历史线索,逻辑线索清晰,地位十分重要。
学情分析	高一学生刚刚进入高中阶段的学习,在全面分析问题、深入剖析事物的能力方面还存在不足,但现在高一学生生活在新时代,对新时代的变化有自身的体会。他们在初中阶段学习过新民主主义革命和改革开放的历程,但其认识大都停留在现象层面,对中国特色社会主义为什么好的理解不够清晰透彻。这就需要教师精心设计教学情境,通过深入的学理分析,引导学生在更深层面理解只有坚持和发展中国特色社会主义才是实现中华民族伟大复兴的必由之路。

课题		必修1 综合探究二《方向决定道路,道路决定命运》
核心素养目标	政治认同	通过了解孙中山先生的设想在今天的实现,理解坚持和发展中国特色社会主义是实现中华民族伟大复兴中国梦的必由之路。
	科学精神	通过了解中国的伟大成就,探究成就背后的经验,理解中国特色社会主义的必然性,坚定中国特色社会主义道路自信、理论自信、制度自信、文化自信。
	公共参与	通过课堂活动,坚定中国特色社会主义共同理想,树立共产主义远大理想,以实际行动积极投身中国特色社会主义现代化建设。
教学重点		理解坚持和发展中国特色社会主义是实现中华民族伟大复兴中国梦的必由之路。
教学难点		坚定中国特色社会主义道路自信、理论自信、制度自信、文化自信;以实际行动投身中国特色社会主义现代化建设。
教学方法		议题式教学法、任务驱动法
学生学法		自主学习法、合作探究法

教学过程

教学环节	教师活动	学生活动	设计意图
导入新课	故事导入:南辕北辙 这个故事告诉我们做任何事情,都要首先认准方向、找准道路,否则就会南辕北辙、事与愿违,犯根本性的错误。同样,在我们国家的发展历程中,方向的选择也决定了我们能否走上正确的道路,进而决定着我们的命运。 今天,我们就一起走进课堂,去探索我们国家是如何选择正确方向、坚定走自己的道路的。	思考南辕北辙故事中所蕴含的道理,意识到方向和道路的重要性。	通过"南辕北辙"的寓言故事进行导入,阐述方向与道路选择的重要性,激发学生的学习兴趣,引发学生对我们国家发展道路选择的思考,由此导入新课。

教学过程			
教学环节	教师活动	学生活动	设计意图
新课讲授	总议题:中国为什么能? 议题一:聚焦中国成就:从站起来、富起来到强起来 议学情境1:实现孙中山先生的设想 议学任务1: 1.阅读《建国方略》的内容,看孙中山先生的设想。 2.孙中山先生的设想实现了吗? 3.(小组合作探究)孙中山先生对中国建设宏伟蓝图的美好设想为什么在当时没有实现,而如今却可以实现呢? 小结:方向决定道路,道路决定命运,中国共产党团结带领人民在探索中形成了一条加快实现国家富强、民族振兴、人民幸福的康庄大道——中国特色社会主义。 议题二:点赞中国道路:科学社会主义的强大生机活力 议学情境2:20世纪80年代末90年代初,东欧剧变、苏联解体后,世界社会主义运动处于低潮。有人据此认为,资本主义战胜了社会主义,"历史已经终结"。 议学任务2: 1.运用所学知识,联系我国发展与成就,对这一观点进行批判。 小结:科学社会主义在21世纪的中国焕发出强大的生机活力,在世界上高高举起中国特色社会主义伟大旗帜。 2.展示习近平总书记重要讲话:"鞋子合不合脚,自己穿了才知道。"一个国家的发展道路合不合适,只有这个国家的人民才最有发言权。	认真思考、小组讨论、积极发言。	通过对比孙中山先生的设想与当今中国的成就,直观展现了方向选择对于国家命运的影响,激发学生的爱国情怀和对中国特色社会主义道路的认同。 通过结合我国发展成就批判错误观点,引导学生理解科学社会主义在中国焕发出强大的生机与活力,中国特色社会主义道路是历史的选择、人民的选择。 通过探究中国怎样回答世界之问引导学生深刻理解中国在国际舞台上的作用,认识到中国智慧和中国方案对世界和平与发展做出的巨大贡献,既能够激发学生的爱国情怀,又培养学生的国际视野和责任感。 通过习近平总书记的话语让学生思考中国何以自信,从而引导学生坚定中国特色社会主义道路自信、理论自信、制度自信、文化自信。

教学过程			
教学环节	教师活动	学生活动	设计意图
新课讲授	小结:"中国道路"是中国人民在自己的奋斗实践中创造的中国特色社会主义道路。 议题三:贡献中国智慧、中国方案 议学情境3:联合国秘书长古特雷斯表示当今世界面临许多和平与发展问题。面对世界之问,中国是怎样回答的? 议学任务3: 中国为世界贡献了哪些中国智慧、中国方案? 有什么样的世界意义? 小结:我国国际影响力、感召力、塑造力进一步提高,为世界和平与发展作出了重大贡献,为解决人类问题贡献了中国智慧和中国方案。 议题四:坚定自信,实现中国梦 议学情境4:习近平总书记指出:"当今世界,要说哪个政党、哪个国家、哪个民族能够自信的话,那中国共产党、中华人民共和国、中华民族是最有理由自信的。" 议学任务4: (小组合作探究)为什么中国是最有理由自信的? 从道路自信、理论自信、制度自信、文化自信的角度思考中国何以自信。 小结:道路自信、理论自信、制度自信、文化自信,来源于实践,来源于人民,来源于真理。我们要坚定"四个自信",夺取新时代中国特色社会主义伟大胜利,实现中华民族伟大复兴的中国梦。		

	教学过程		
教学环节	教师活动	学生活动	设计意图
巩固提高	习近平总书记曾说过："青年是整个社会力量中最积极、最有生气的力量，国家的希望在青年，民族的未来在青年。今天，新时代中国青年处在中华民族发展的最好时期，既面临着难得的建功立业的人生际遇，也面临着'天将降大任于斯人'的时代使命。" 　　结合材料，谈谈作为新时代青年，应如何为我国的发展、为实现中华民族伟大复兴贡献自己的力量？	认真品读习近平总书记金句，感受身为新时代青年的责任，思考自己应该怎么做。	通过习近平总书记的话语勉励学生，以学生个人层面的实际行动为落脚点，激励学生认识到青年责任，增强社会责任感与使命感，落实公共参与素养。
小结作业	播放青年担当视频。 　　课堂总结：实现中华民族伟大复兴是一场接力跑，我们要一棒接着一棒跑下去，每一代人都要为下一代人跑出一个好成绩。 　　作业布置：1. 请完成教学评价单 　　2. 请完成教学任务单上的课后作业。	认真观看视频、聆听课堂总结、完成课后作业。	以青年担当的视频升华本节课内容，加深学生对于青年担当的理解，激发爱国情怀和责任意识，巩固本节课所学。

板书设计

方向决定道路　道路决定命运

中国为什么能？ { 一、聚焦中国成就
二、点赞中国道路
三、贡献中国智慧、中国方案
四、坚定自信，实现中国梦

二、教学评价

1. 教学任务单

教学任务单

一、预习任务

1. 阅读教材,了解"方向决定道路,道路决定命运"的深刻含义。
_____
_____

2. 查阅相关资料,了解中华民族从站起来、富起来到强起来的奋斗历程。
_____
_____

3. 思考并准备回答:你认为中国特色社会主义道路有哪些优势?
_____
_____

二、课堂任务

完成议学任务,写出自己的观点和想法,并在课堂上分析。

议学任务 1_____

议学任务 2_____

议学任务 3_____

议学任务 4_____
_____

三、课后作业

1. 完成"奋斗青春、强国有我"主题,表达自己对实现中华民族伟大复兴的责任感和使命感。(300 字左右)
_____

2. 搜集更多关于为了早日实现中华民族伟大复兴,我们所做的努力和奋斗的故事,准备在下一次课堂上进行分享。

(任务单完成后第二天上交)

2. 教学评价单

评价内容	评价结果
积极参与小组讨论,发表个人观点	
在教师提问时,能积极主动举手回答	
对其他同学的发言给予关注和反馈	
认真听讲,做好笔记,完成任务单	
理解"方向决定道路,道路决定命运"的深刻含义	
能准确概述中华民族从站起来、富起来到强起来的奋斗历程	
理解并认同中国特色社会主义"四个自信"	
能运用所学知识,分析中国为什么能取得伟大成就	
能结合生活实际,举例说明中国特色社会主义道路的优势	
能在日常生活中,积极践行社会主义核心价值观	

（评价结果用优、良、中、差四个等级进行评价）

三、教学反思

1. 设计亮点：

① 核心素养落实有据：教学设计明确了政治认同、科学精神和公共参与三个核心素养目标,并结合教学内容,将目标细化为对中国特色社会主义的理解与认同、对四个自信的坚定以及积极投身社会主义现代化建设的实际行动。

② 议题式教学议题充分、有逻辑：教学设计通过四个议题,即聚焦中国成就、点赞中国道路、贡献中国智慧与中国方

案、坚定自信实现中国梦,系统地展示了中国特色社会主义道路的历史逻辑和现实逻辑,内容层层递进,逻辑线清晰明了,符合学情。通过具体议学情境和议学任务,激发学生的探究兴趣,提高学生的参与度。

③ 师生互动充分:通过提问、讨论、小结等环节,教学过程注重师生之间的互动。

④ 教学评一体化贯穿课堂:有教学任务单从课前、课中到课后全贯通,有教学评价单能及时评价课堂表现,实现教学评一体化的教学新理念。

2. 教学不足:

① 教学方法的灵活性与创新性:在教学方法上,虽然采用了多种教学手段,但如何进一步灵活运用和创新教学方法,以更好地激发学生的学习兴趣和参与度,仍需不断探索和实践。

② 学生差异的个性化指导:在教学过程中,如何基于学生的学习差异而提供个性化的指导,是今后教学中需要重点研究的问题。

③ 教学评价的全面性与客观性:在教学评价方面,如何更全面、客观地评价学生的学习情况,是今后需要进一步完善的地方。

综上所述,该教学设计在今后的教学中,要不断探索和实践,不断优化与提高。

附录Ⅳ　"四史"教育融入高中思想政治课的教学案例 4

——以《回看走过的路、比较别人的路、远眺前行的路》为例

为了符合 2017 年版的《普通高中思想政治课程标准》中构建活动型学科课程的要求，该教学设计采用的是议题式教学和案例教学方法，教学评价采用多元评价的方式。

一、教学设计

课题：回看走过的路、比较别人的路、远眺前行的路

教材分析：本课内容旨在通过"回看走过的路、比较别人的路、远眺前行的路"这一独特视角，引导学生深入理解中国特色社会主义的历史必然性、科学真理性和实践成果。作为高中思想政治课程必修 1 的综合探究一，本课不仅是对前面所学内容的深化和拓展，更是为后续学习中国特色社会主义理论体系奠定坚实基础。通过本课的学习，学生能够形成更为完整、系统的历史观、世界观和价值观，增强对中国特色社会主义的道路自信、理论自信、制度自信和文化自信。

学情分析:本课的教学对象为高一学生,他们在初中阶段已经学习过一定的历史和政治知识,对中国近代史、现代史以及中国特色社会主义的基本内容有所了解,但是这些知识一般是比较零散的,缺乏系统性和深入性。另外由于缺乏足够的历史知识和国际视野,对于中国特色社会主义道路的理解可能还停留在表面,对其科学真理性和历史必然性的理解不够深刻。

核心素养目标:

1. 政治认同:引导学生正确认识世界和中国发展的大势,把握中国特色社会主义的历史必然性,树立为共产主义远大理想和中国特色社会主义共同理想而奋斗的信念和信心。

2. 科学精神:深刻地认识到习近平新时代中国特色社会主义思想是指导党和人民实现中华民族伟大复兴的正确理论,是立足时代前沿、回答时代之问的科学理论。

3. 公共参与:学习贯彻习近平新时代中国特色社会主义思想,坚定理想信念,在实现中国梦的实践中放飞青春梦想。

教学重难点:

教学重点:

1. 社会基本矛盾运动及其规律。

2. 中国特色社会主义的科学真理性和历史必然性。

教学难点:

人类社会历史进程的统一性和多样性。

教学方法:议题式教学、案例教学法、情境教学法

教学过程:

(一)导入新课

在我国 56 个民族中有一个特殊的存在——"直过民族",他们也是云南少数民族的"独特风景"和重要特色。在新中国成立后,他们从原始社会或奴隶社会跨越几种社会形态,直接进入社会主义社会,一跃千年。今天就让我们一起从直过民族的经历中学习中国为什么走社会主义道路(总议题)。

(二)讲授新课

1. 回看走过的路

议题一:回看来路——理解人类社会发展的一般进程

议学活动 1:播放视频"直过民族的历史"

思考:(1)通过视频总结直过民族跨越的几种社会形态,并找出划分的依据。

(2)尝试分析每次社会更迭的根本原因及其一般过程。

学生讨论交流回答

教师总结:社会基本矛盾包括生产力和生产关系之间的矛盾、经济基础和上层建筑之间的矛盾。历史唯物主义认为,社会基本矛盾是推动人类社会向前发展的根本动力,人类社会的历史归根到底就是社会基本矛盾运动的历史。所谓社会形态,就是指同生产力发展的一定阶段相适应的经济基础和上层建筑的统一体。

在社会基本矛盾的推动下,社会形态由低级向高级依次更替、不断演进,形成了人类社会的历史。关于社会形态的演进顺序,人们依次概括出社会形态演进的"五形态"说,即原始社会—奴隶社会—封建社会—资本主义社会—社会主义和共产主义社会。

设计意图:回顾历史,探究人类历史发展进程,明确这是社会历史发展不可逆转的总趋势。

(过渡)从社会发展的规律看,直过民族的这种跨越模式到底是历史的前进还是倒退呢?

2. 比较别人的路

议题二:比较他路——探究世界各地历史发展的不同轨迹

议学活动2:给出英国君主立宪制、美国总统共和制和我国废除西藏农奴制的相关材料,学生阅读、思考并回答问题。

问题:1. 一种社会形态代替另一种社会形态,究竟是历史的进步还是倒退的判断标准是什么?

2. 从地理环境、文化传统、外部因素等方面来分析对一个国家或地区发展的影响。

学生讨论交流回答

教师总结:一种社会形态代替另一种社会形态,究竟是历史的进步还是倒退,判断的主要标准,是看生产关系是否适应生产力的发展要求,是否符合人类社会发展的总趋势。同时,受到地理环境、文化传统、外部影响等因素的影响,各国、各地区、各民族的发展道路有着不同的表现,人类社会发展的一般进程是由各国、各地区、各民族历史的多样性反映出来的。

一个国家和民族之所以作出这种或那种选择,有其特定的原因(以中国为例):

一是取决于国家和民族利益。国家和民族利益是一个民族进行历史选择的直接动机。中国人民之所以选择社会主义道路,根本原因是只有社会主义才能救中国,只有社会主义才能发展中国。

二是取决于国际交往(外部影响)。处在转折点上的国家和民族在国际交往中可以从处于先进社会形态的国家和民族那里获得"历史的启示",各国家和民族之间的交往是一个国家和民族进行历史选择、实现社会跨越的必要条件。中国人民在俄国十月革命的启示下,跨越典型的资本主义阶段经过新民主主义而直接走向社会主义,这是既合乎世界历史一般规律又适合中国国情的伟大抉择。

三是取决于对历史必然性以及本民族特点的把握程度。这种把握程度,直接制约着其历史选择活动的内容和方向。中华民族选择了社会主义,这与中华民族对历史必然性及本民族特点的正确把握直接相关,这是在社会发展的多种可能性中所作的最佳选择,是一个伟大的历史性选择。

(过渡)刚才,我们回顾了直过民族的发展历程,也明晰了不同国家道路的独特性。接下来,让我们看看直过民族的未来又将走向何处。

3. 远眺前行的路

议题三:远眺前路——寻觅社会主义道路的历史必然

议学活动3:播放视频"直过民族的发展"

请各小组结合视频内容,小组合作探究,为"直过民族"如何更快更好地打赢脱贫攻坚战出谋划策。

学生讨论交流回答,教师适时引导。

教师总结:在中国这样一个拥有五千年文明史和十四亿多人口的大国推行改革发展,没有可以奉为金科玉律的教科书,也没有可以对中国人民颐指气使的教师爷。鲁迅先生曾说,什么是路,是从没路的地方开辟出来的,是从充满荆棘的地方践踏出来的。中国特色社会主义道路是当代中国大踏步赶上时代、引领时代的康庄大道,必须毫不动摇地坚持下去。

设计意图:以"出谋划策"的形式,引导学生立足中国特色社会主义伟大实践,在认同中国特色社会主义的基础上,立足当下,展望未来,引导学生为实现中华民族伟大复兴的中国梦而努力,落实立德树人目标。

(三)课堂小结

本节课我们通过回看走过的路、比较别人的路、远眺前行的路,进一步对中国特色社会主义事业有了进一步的了解。相信通过本节课的学习,同学们对中国特色社会主义的科学真理性和历史必然性会有更加深入的理解。

(四)作业

1. 课后有时间可以观看《不忘初心 继续前进》《必由之路》等专题片,了解中国共产党带领中国人民革命、建设和改革的奋斗历程,写不少于 300 字的感想。

2. 搜集资料,自改革开放以来,特别是党的十八大以来我国取得的巨大成就,选择某一领域或者某一重大成就,整理成宣讲材料,下次课可以跟班里同学互相交流。

二、教学评价

1. 教学任务单

教学任务单

一、课前任务

1. 搜集一些人类社会发展不同阶段生产工具的资料,比较不同阶段的生产力发展水平。

_____

_____

2. 查阅英国、法国、美国、德国、日本等国确立资本主义制度的不同方式,比较它们在社会形态更替上的差异,把想法写下来。

_____

_____

_____

二、课堂任务

议学活动 1_____

_____

议学活动 2_____

_____

议学活动 3_____

_____

三、课后任务

1. 课后有时间可以观看《不忘初心　继续前进》《必由之路》等专题片,了解中国共产党带领中国人民革命、建设和改革的奋斗历程,写不少于 300 字的感想。

2. 搜集资料,自改革开放以来,特别是党的十八大以来我国取得的巨大成就,选择某一领域或者某一重大成就,整理成宣讲材料,下次课可以跟班里同学互相交流。

2. 教学评价表

评价内容	评价结果
在小组讨论和课堂展示中,积极发表观点,与小组成员合作默契。	
通过学习,本节课的内容已经掌握理解。	
在为直过民族的脱贫攻坚中提出新颖、可行的策略。	

(评价结果按照优、良、中、差四个等级进行评价)

三、教学反思

教学过程中,通过丰富的直过民族的案例引导学生回看中国特色社会主义道路的历程,从新民主主义革命到社会主义建设,学生们能较好地理解历史发展的脉络与选择道路的必然性。在比较不同国家发展道路时,学生们积极参与讨论,思维活跃,认识到国情不同导致道路差异。而在远眺前行之路时,结合国家发展战略与目标,激发了学生对未来的思考与憧憬。

然而,教学也存在一些不足。在时间把控上不够精准,"比较别人的路"环节讨论时间过长,导致"远眺前行的路"部分略显仓促,一些重要内容未能充分展开,影响学生对未来发展规划等深层次理解。教学方法上,虽有案例分析与小组讨论,但对于一些理论性较强内容,如不同道路背后的哲学依据,讲解方式稍显枯燥,部分学生理解困难。

针对这些问题,在后续教学中,我会提前规划好各环节时间,突出重点内容,给学生留出充足时间思考未来道路探索。同时,创新教学方法,采用多媒体资源、故事性讲解等方式让理论知识更生动易懂。此外,增加与学生互动环节,鼓励学生提出对不同道路的疑惑与见解,及时给予解答与引导,提升学生政治学习的积极性与深度,让学生在理解"三条路"的过程中更好地树立正确价值观与历史观,为其成长与未来发展奠定坚实基础。

结　语

自十八大以来，习近平总书记就学习"四史"作出一系列重要论述，全面阐述了学习"四史"的意义、方法、内容和要求，在全社会掀起了学习热潮。近两年来，教育部也逐步发文要求在青少年中加强"四史"教育学习，让青少年了解中国共产党一百多年来艰苦奋斗的发展历程、中华人民共和国70多年来从站起来、富起来到强起来的奋斗历程，改革开放这40多年来的破釜沉舟、勇锐进取的探索过程，社会主义发展这500多年的从空想到科学的波澜壮阔的实践过程，让青少年能够听党话、跟党走。

高中思想政治课是立德树人的关键课程，是培养高中生政治认同和"四个自信"的重要课程。基于此，将"四史"教育融入高中思想政治课就有了研究意义和研究价值。本文主要从历史层面、理论层面、现实层面以及实践层面这四个方面具体分析了"四史"教育融入高中思想政治课的现实要求和理论依据，根据实证调查结果，分析"四史"教育融入高中思想政治课过程中存在的问题和成因，从"四史"教育融入高中思想政治课的教育目标、原则、方法和对策着手，梳理了具体的"四史"教育融入高中思想政治课路径。

　　由于调研范围以及本人的研究水平有限,本文在研究中还存在不少的问题和不足,主要表现在:问卷的设计不够全面、深刻,不足以把现实存在的问题都反映出来;因为问卷发放的范围和数量有限,所得的结论并不足以概括目前"四史"教育融入高中思想政治课的全部现状;因为理论水平有限,对于部分理论依据研究得不是很透彻等等。

　　虽然文章存在不足之处,但作者是秉承着认真负责的态度、踏实勤恳的精神来完成该文的,敬请大家批评指正!

参考文献

经典著作类：

[1] 马克思恩格斯文集(1—10 卷)[M].北京：人民出版社,2009.

[2] 马克思恩格斯选集(1—4 卷)[M].北京：人民出版社,2012.

[3] 列宁选集(1—4 卷)[M].北京：人民出版社,2017.

[4] 毛泽东选集(1—4 卷)[M].北京：人民出版社,1991.

[5] 邓小平文选(1—3 卷)[M].北京：人民出版社,1994.

[6] 习近平谈治国理政[M].北京：外文出版社,2014.

[7] 习近平谈治国理政(第二卷)[M].北京：外文出版社,2017.

[8] 习近平谈治国理政(第三卷)[M].北京：外文出版社,2020.

[9] 习近平.论党的宣传思想工作[M].北京：中央文献出版社,2020.

[10] 习近平.思政课是落实立德树人根本任务的关键课程[M].北京：人民出版社,2020.

[11] 习近平.论中国共产党历史[M].北京:中央文献出版社,2021.

[12] 习近平谈治国理政第一卷[M].北京:外文出版社,2018.

其他著作类:

[1] 中国社会科学院语言研究所词典编辑室.现代汉语词典[M].北京:商务印书馆,2016.

[2] 石佩臣.教育学基础理论[M].北京:教育科学出版社,2018.

[3] 本书编写组.思想道德修养与法律基础 2018 年版[M].北京:高等教育出版社,2018.

[4] 中华人民共和国教育部制定.普通高中思想政治课程标准 2017 年版 2020 年修订[M].北京:人民教育出版社,2020.

[5] 冉新义.混合式学习的理论与应用研究[M].厦门:厦门大学出版社,2018.

[6] 高宏.这样教学很有效[M].天津:天津教育出版社,2019.

[7] 孔繁成.布鲁纳的教学原则[M].山西:山西人民出版社,2019.

[8] 关于深化新时代学校思想政治理论课改革创新的若干意见[M].北京:人民出版社,2019.

[9] 张神根,张倔.细节中的新中国史[M].北京:人民出

版社,2020.

　　[10]本书编写组.改革开放简史[M].北京:人民出版社,
2021.

　　[11]本书编写组.社会主义发展简史[M].北京:学习出版社,2021.

　　[12]本书编写组.思想道德与法治(2023 年版)[M].北京:高等教育出版社,2023.

　　[13]教育部.中小学生守则(2015 年修订)[M].北京:人民出版社,2015.

　　[14]中共中央纪律检查委员会、中共中央文献研究室.十八大以来重要文献选编(上)[M].北京:中央文献出版社,2014.

　　报纸类:

　　[1]人民日报评论员.坚定理想信念　筑牢初心使命[N].人民日报,2019-03-03(001).

　　[2]"四史"之间联系和区别是什么? [N]. 学习时报,2021-06-07(004).

　　[3]信念坚定对党忠诚实事求是担当作为　努力成为可堪大用能担重任的栋梁之材[N].人民日报,2021-09-02(001).

　　[4]刘永富. 脱贫攻坚的重大成就及其意义[N].人民政协报,2024-01-25(02).

　　[5]熊明辉.创新驱动呼唤批判性创新思维[N].光明日报,2017-08-07(15).

［6］本报评论部.增强创新意识　培养创新思维（人民观点）——推进党和国家各项事业的科学思想方法⑤［N］.人民日报,2023-09-18(05).

［7］潘旭涛.习近平治国理政关键词（49）:辩证思维［N］.人民日报海外版,2017-01-05(01).

政府公告类:

［1］中共中央办公厅　国务院办公厅印发《关于深化新时代学校思想政治理论课改革创新的若干意见》［EB/OL］.http://www.gov.cn/zhengce/2019-08/14/content_5421252.htm.2019.

［2］习近平.在教育文化卫生体育领域专家代表座谈会上的讲话［EB/OL］.http://www.gov.cn/xinwen/2020-09/22/content_5546157.htm.2020.

［3］中共中央关于制定国民经济和社会发展第十四个五年规划和二〇三五年远景目标的建议［EB/OL］.http://www.gov.cn/zhengce/2020-11/03/content_5556991.htm.2020.

［4］教育部办公厅关于在思政课中加强以党史教育为重点的"四史"教育的通知［EB/OL］.http://www.moe.gov.cn/srcsite/A13/moe_772/202105/t20210511_530840.html.2021.

［5］教育部.习近平总书记关于"四史"学习教育的重要论述［EB/OL］.http://www.moe.gov.cn/jyb_xwfb/moe_2082/2021/2021_zl37/sishixuexi/202105/t20210511_530832.html.2021.

［6］学而时习.革命理想高于天,习近平总书记谈理想信念［EB/OL］.http://www.qstheory.cn/laigao/ycjx/2021-02/

07/c_1127076926.htm. 2021.

[7] 教育部.教育部召开党史学习教育动员大会[EB/OL]. http://www.moe.gov.cn/jyb_xwfb/gzdt_gzdt/moe_1485/202103/t20210310_518792.html，2021.

[8] 教育部. 教育部办公厅关于在思政课中加强以党史教育为重点的"四史"教育的通知[EB/OL]. http://www.moe.gov.cn/srcsite/A13/moe_772/202105/t20210511_530840.html，2021.

[9] 教育部.教育部关于在教育系统开展师德专题教育的通知[EB/OL].http://www.moe.gov.cn/srcsite/A10/s7002/202105/t20210510_530466.html，2021.

[10] 教育部.教育部关于在教育系统开展师德专题教育的通知[EB/OL]. http://www.moe.gov.cn/srcsite/A10/s7002/202105/t20210510_530466.html，2021.

[11] 坚定不移高举改革开放旗帜、紧紧围绕推进中国式现代化进一步全面深化改革——中共中央举行新闻发布会解读党的二十届三中全会精神[EB/OL]. https://www.gov.cn/zhengce/202407/content_6963571.htm，2024.

[12] 中共中央办公厅印发《关于在全社会开展党史、新中国史、改革开放史、社会主义发展史宣传教育的通知》[EB/OL]. https://www.gov.cn/zhengce/202105/25/content_5612097.htm，2021.

[13] 习近平.习近平 2019 年 3 月 18 日主持召开学校

思想政治理论课教师座谈会并发表重要讲话［EB/OL］. https://www.xuexi.cn/dcd04a790d372b7a7094e5662a4c45fc/ e43e220633a65f9b6d8b53712cba9caa.html，2019-03-18.

期刊类：

［1］习近平.思政课是落实立德树人根本任务的关键课程 ［J］.求是，2020(17).

［2］习近平.以史为镜、以史明志，知史爱党、知史爱国 ［J］.求是，2021(12).

［3］朱宇，盖元臣.高中生社会责任意识教育的理念和路 径［J］.继续教育研究，2017，(07).

［4］李海军，朱桂花.高中生社会责任意识的培养研究 ［J］.教育科学论坛，2017，(02).

［5］邹莹，李岩.高中生信息社会责任的内涵及培养策略 ［J］.西部素质教育，2018，4(24).

［6］张建兴，肖璐.高一学生社会责任感提升策略研究 ［J］.淮南师范学院学报，2018，20(06).

［7］齐勇.推动中华优秀传统文化教育融入课堂教学 ［J］.思想政治课教学，2019(03).

［8］吴云志，刘根旺.习近平青年理想信念重要论述研究 综述［J］.思想理论教育导刊，2019(09).

［9］丁红卫，唐滢，曹甜甜.中日高校思想政治教育实效性 比较研究［J］.云南行政学院学报，2020(01).

［10］靳诺.围绕立德树人　加强"四史"教育［J］.思想政

治工作研究,2020(05).

[11]肖文燕,罗春喜.习近平关于"四史"学习重要论述的精神实质[J].江西财经大学学报,2020(06).

[12]赵世海.全球化视野下的日本历史教育新动向[J].比较教育研究,2020(07).

[13]陶雪松,忻平.深刻理解和认识"四史"学习教育的重要意义[J].上海党史与党建,2020(07).

[14]王炳林,刘奎.关于学习党史、新中国史、改革开放史、社会主义发展史的思考[J].思想理论教育导刊,2020(08).

[15]孙艳美."中国近现代史纲要"课加强"四史"教育探析[J].思想理论教育导刊,2020(09).

[16]魏晓文,秦雪.历史虚无主义批判的三重逻辑——学习习近平关于"四史"的重要论述[J].思想教育研究,2020(09).

[17]程美东,刘辰硕.从三个维度理解加强"四史"教育的重大意义[J].思想教育研究,2020(12).

[18]许开红.推动劳动教育融入高中思想政治课教学[J].中学政治教学参考,2020(39).

[19]胡琪鹃.新时代高中思想政治课培养学生理想信念的探析[J].法制博览,2020,(18).

[20]李文刚.坚定政治信仰[J].求是,2020(13).

[21]林勇灵."四力齐发"提升高校思政课教师的课堂教学语言魅力[J].教育观察,2020,9(06).

[22]宋学勤,罗丁紫.论"四史"教育融入大中小学思想政

治理论课一体化建设[J].思想教育研究,2021(03).

[23] 邢亮."四史"教育融入高校思政课教学体系探究[J].思想政治课研究,2021(03).

[24] 米亭."四史"学习教育作用于国家治理的价值意蕴、显著优势和实践要求[J].理论导刊,2021(04).

[25] 项久雨,欧丹.马克思主义视域下"四史"教育的价值逻辑与深刻意蕴[J].马克思主义理论学科研究,2021(04).

[26] 张志丹.围绕立德树人加强"四史"教育[J].红旗文稿,2021(04).

[27] 郭鹏飞,付山清.新时代青年加强"四史"学习的价值与方法[J].学校党建与思想教育,2021(18).

[28] 吴梦伊,许晓玲."四史"教育融入大学生家国情怀培育探析[J].中学政治教学参考,2021(20).

[29] 操菊华,陈薇.党史教育精准融入高校思政课教学探究[J].学校党建与思想教育,2021(21).

[30] 熊成帅.学思践悟:学习"四史"的方法路径与基本要求[J].理论建设,2021,37(03).

[31] 冯俊.学习和研究"四史"的理论指引——深入学习习近平总书记关于"四史"的重要论述[J].红旗文稿,2021(03).

[32] 陈怡.把"四史"教育融入高中思想政治课教学的探索[J].高考,2021,(10).

[33] 李志轩.关于如何引导学生"责任担当"的有效实践与理论思考[J].教育研究,2021,08(16).

[34] 张智."四史"教育：新时代爱国主义教育的必修课[J].社会主义核心价值观研究,2021,7(3).

[35] 郑金强,詹亚."四史"教育融入高中思想政治课教学的路径探析[J].甘肃教育研究,2022,(05).

[36] 於谋芝."四史"教育融入高中思想政治课程路径及价值意蕴[J].现代职业教育,2022,(12).

[37] 唐育智,王鑫宏.论高中思想政治课的"四史"教育融入[J].河南科技学院学报,2022,42(08).

[38] 金民卿.中华民族伟大复兴视野下的新民主主义革命史研究——中国近代史"三大体系"建设笔谈[J].近代史研究,2022(04).

[39] 付丽岫.高中学生历史形象思维和创造性思维能力的培养策略[J].政史地教学,2022(27).

[40] 高静.高中政治课学生公共参与素养培育问题的探析[J].科学咨询(教育科研),2023,(06).

[41] 王梦如.中华优秀传统文化融入高中思想政治课状况研究——基于人教版新编高中政治教材的分析[J].社会科学前沿,2023,12(7).

网络文献类：

[1] 吴瀚飞.习近平总书记论创新思维[EB/OL].http://www.qstheory.cn/2023-08/09/c_1129795522.htm,2023-08-09.

[2] 赵宇.辩证思维是马克思主义哲学的根本方法[EB/OL].https://theory.gmw.cn/2021-02/24/content_34638883.

htm，2021-02-24.

　　[3] 中共中央纪律检查委员会、中共中央文献研究室. 习近平关于严明党的政治纪律和政治规矩的一组论述[EB/OL]. http://theory. people. com. cn/n1/2016/0203/c40531-28108588.html，2016-02-03.

外文期刊类：

　　[1] Liat Yakhnich，Emmanuel Grupper，Shlomo Romi. Focused training of child and youth-care workers for promoting social and educational inclusion of youth at risk[J]. Child & Youth Services，2018，39(1).

　　[2] María José Flores Tena，Carlos Sousa Reis. Educational Inclusion New Teacher Challenge[J]. International Journal on Lifelong Education and Leadership，2018(2).

　　[3] Parthenis Christos，Fragoulis George. Principals' Views on Policies and Practices for the Educational Inclusion of Roma People[J]. International Journal of Sociology of Education，2020，9(3).

　　[4] Diaz Vega Miriam，Moreno Rodriguez Ricardo，Lopez Bastias Jose Luis. Educational Inclusion through the Universal Design for Learning: Alternatives to Teacher Training[J]. Education Sciences，2020，10(11).

　　[5] Gill Richards. On Educational Inclusion. Meanings，History，Issues and International Perspectives[J]. Support

for Learning，2020，35(3).

学位论文类：

[1] 余廷文.中日思想政治教育比较研究[D].贵阳:贵州师范大学,2005.

[2] 吴广庆.思想政治教育的文化融入研究[D].中共中央党校,2013.

[3] 彭菊花.中华优秀传统文化融入青少年德育研究[D].湖北大学,2015.

[4] 陈乐敏.大学生激励教育研究[D].杭州:浙江大学,2018.

[5] 张瑜.中华优秀传统文化融入大学生思想道德教育研究[D].武汉大学,2019.

[6] 刘婷婷.中华优秀传统文化融入高中思想政治课研究[D].重庆:西南大学,2020.

[7] 丁胜.中华优秀传统文化融入大学生理想信念教育研究[D].哈尔滨师范大学,2020.

[8] 易根古.江西分宜红色历史资源在高中思想政治教学中的融入研究[D].重庆:西南大学,2020.

[9] 李萍.高中思想政治生活化课堂建构研究[D].哈尔滨:哈尔滨师范大学,2020.

[10] 秦冰馥.中华优秀传统文化融入高校思想政治教育研究[D].东北师范大学,2021.

[11] 马余露.优秀传统家训融入新时代大学生思想道德

教育研究[D].华中师范大学,2021.

[12] 晏振宇.中华优秀传统文化融入大学生思想政治教育研究[D].山东大学,2021.

[13] 陈静.情感教育融入高中思想政治课教学研究[D].西安:西安理工大学,2021.

[14] 杨晓红.中华优秀家风融入大学生思想政治教育研究[D].哈尔滨师范大学,2022.

[15] 圣雪琪.红色文化资源融入高校党建工作研究[D].中共中央党校(国家行政学院),2024.

[16] 徐静静.高中思想政治课公民意识培养研究[D].南京师范大学,2024.

[17] 谢艺明.史料教学中发展高中生历史思维能力研究[D].福建师范大学,2003.

[18] 张丹.高中生历史思维能力培养初探[D].东北师范大学,2024.

附录一 "四史"教育融入高中思想政治课的调查问卷

亲爱的同学：

您好！我是宁夏大学的一名研究生，目前正在做"'四史'教育融入高中思想政治课"的调查研究，希望了解你对"四史"教育融入高中思想政治课的认识、态度、掌握程度和开展情况等现状，特邀您参加此次调查。本次问卷各项答案没有对错之分，我将对您的答案绝对保密，请您如实回答，谢谢您的合作！

1. 你现在就读于（　　　）。

A. 高一　　　　　B. 高二　　　　　C. 高三

2. 你在生活和学生过程中，接触和了解"四史"教育吗？（　　　）

A. 接触过且了解　　　　B. 接触过但了解一点

C. 接触过一点　　　　　D. 完全没有接触

3. 你接触和了解"四史"教育，主要来源于哪里？（可多选）（　　　）

A. 电视上、网络上　　　　B. 父母平时的言谈中

C. 教师课堂的讲授　　　　D. 学校的宣传

E. 其他途径

4. 你知道"四史"具体指的是哪"四史"吗？（　　　）

　　A. 知道　　　　　　　　　　B. 知道一部分，不全面

　　C. 完全不知道

5. 作为高中生，你认为有必要在高中阶段学习"四史"教育吗？（　　　）

　　A. 完全有必要　　　B. 可以部分了解　C. 完全没有必要

6. 你对高中思想政治课感兴趣吗？（　　　）

　　A. 感兴趣　　　　　B. 一般　　　　　C. 不感兴趣

7. 高中思想政治课教师是否会在课堂上讲解"四史"教育？（　　　）

　　A. 经常会　　　　　B. 会　　　　　　C. 偶尔会

　　D. 不会

8. 你认同我国走社会主义发展道路是历史和人民的选择吗？（　　　）

　　A. 完全认同　　　　B. 比较认同　　　C. 不好说

9. 你认同中国共产党能代表最广大人民的根本利益吗？（　　　）

　　A. 完全认同　　　　B. 比较认同　　　C. 不好说

10. 你认同没有共产党就没有现在的幸福生活吗？（　　　）

　　A. 完全认同　　　　B. 比较认同　　　C. 不好说

11. 你认同改革开放是极大地提高了人民的生活质量吗？（　　　）

A. 完全认同　　B. 比较认同　　C. 不好说

12. 你认同改革开放极大地提升了医疗水平吗?（　　）

A. 完全认同　　B. 比较认同　　C. 不好说

13. 你认同改革开放极大地改善了我们的交通条件吗?
（　　）

A. 完全认同　　B. 比较认同　　C. 不好说

14. 你认同社会主义制度优于资本主义制度吗?（　　）

A. 完全认同　　B. 比较认同　　C. 不好说

15. 你认同中华民族一定会实现伟大复兴吗?（　　）

A. 完全认同　　B. 比较认同　　C. 不好说

16. 你认同共产主义在不久的将来一定会实现吗?（　　）

A. 完全认同　　B. 比较认同　　C. 不好说

17. 你们学校通过什么途径来进行"四史"教育?（可多
选)（　　）

A. 文化墙、展览框宣传　　B. 主题教育活动

C. 教师课堂讲授　　　　　D. 不太关注、不了解

18. 你觉得"四史"教育融入高中思想政治课的意义何在?
（可多选)（　　）

A. 有助于积累历史知识

B. 有助于培养高中政治课程核心素养

C. 有助于培养爱国主义

D. 有助于培养社会主义核心价值观

E. 有点帮助,但意义不大

F. 完全没有意义和作用

19. 你觉得有必要系统地学习"四史"教育吗?（   ）

A. 非常有必要,作为中国人应该了解"四史"

B. 没有必要,日常生活中有点接触就可以了

C. 考试考什么就学习什么

D. 无所谓,学与不学都可以

20. 你对当前"四史"教育融入高中思想政治课的状况满意吗?（   ）

A. 满意　　　　　B. 一般　　　　　C. 不满意

21. 如果在当前的高中思想政治课融进"四史"教育的内容,会使你更好地理解"马克思主义为什么行,中国共产党为什么能,社会主义为什么好"吗?（   ）

A. 会

B. 有作用但是作用不大

C. 不会

22. 你觉得"四史"教育能融入高中思想政治课的原因是什么?（可多选)（   ）

A. 它本身比较有趣,而且接近生活

B. 它受到众多媒体的宣传和很多人有意识的提及

C. 它有很多历史故事,能增加自己的历史知识

D. 因为从小到大的教科书都涉及

23. 你认为学习"四史"教育的最佳途径和渠道是什么?（可多选)（   ）

A. 电视和网络　　B. 思想政治课、历史课等课堂教学

C. 报刊　　　　　D. 广播　　　　　E. 同学交流

F. 其他

再次感谢您的合作！

附录二 思想政治教师访谈提纲

1. 您认为高中生在哪些核心素养方面需要加强？

2. 您了解"四史"教育吗？

3. 您认为"四史"教育会对高中生的学科素养的培育有帮助吗？如果有，会有哪些帮助呢？

4. 您认为"四史"教育对解决学生当前遇到的问题（生活和学习方面）有帮助吗？如果有，会有哪些帮助呢？

5. 您认为"四史"教育有必要融入高中思想政治课吗？

6. 您尝试过在您的课堂上融入过"四史"教育吗？

7. 您所在的学校或者教育主管部门要求在课堂上融入"四史"教育吗？

8. 您认为可以采用哪些方式在教学中融入"四史"教育？如果融入的话，可能会有哪些难点？

9. 您认为"四史"教育的融入，会对高中生的理想信念以及价值观产生影响吗？会产生哪些影响呢？

10. 您认为将"四史"教育融入高中思想政治课的现状和前景持有什么态度？（可从很乐观、比较乐观、一般、不乐观几个选项里面选择）

图书在版编目(CIP)数据

"四史"教育融入高中思想政治课的路径研究 / 於
谋芝著. -- 上海 ：上海三联书店，2024. 12. -- ISBN
978-7-5426-8767-8

Ⅰ. G641

中国国家版本馆 CIP 数据核字第 202493HT32 号

"四史"教育融入高中思想政治课的路径研究

著　　者 / 於谋芝

责任编辑 / 宋寅悦　徐心童
装帧设计 / 徐　徐
监　　制 / 姚　军
责任校对 / 王凌霄

出版发行 / 上海三联书店

　　　　　(200041)中国上海市静安区威海路 755 号 30 楼
邮　　箱 / sdxsanlian@sina.com
联系电话 / 编辑部：021－22895517
　　　　　发行部：021－22895559
印　　刷 / 上海盛通时代印刷有限公司

版　　次 / 2024 年 12 月第 1 版
印　　次 / 2024 年 12 月第 1 次印刷
开　　本 / 890 mm×1240 mm　1/32
字　　数 / 150 千字
印　　张 / 7.875
书　　号 / ISBN 978－7－5426－8767－8/G·1747
定　　价 / 68.00 元

敬启读者,如发现本书有印装质量问题,请与印刷厂联系 021－37910000